고려·몽골 관계 깊이 보기

동북아역사재단
교양총서 24

고려·몽골 관계 깊이 보기

이명미 지음

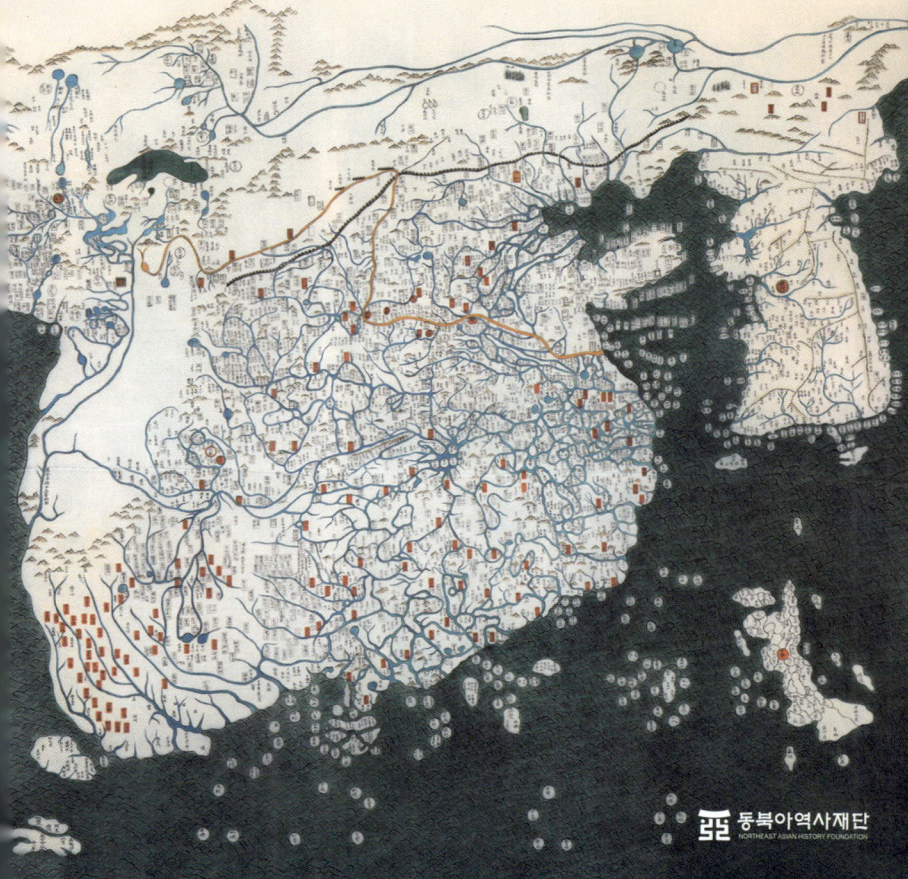

간행사

우리나라를 둘러싼 동북아 지역의 역사 갈등은 여전히 한창이고, 점차 심화되고 있습니다. 우리 동북아역사재단은 2006년에 동북아 지역의 역사 갈등을 미래지향적으로 해결하고, 나아가 역내 평화체제를 구축하려는 목적으로 출범하였습니다. 이때는 항상 제기되고 있던 일본의 역사 왜곡에 더하여 고구려, 발해 역사를 둘러싸고 중국과 역사 분쟁이 일어났습니다.

한국과 일본 사이의 역사 문제는 19세기 말 일제의 침탈과 식민지배 때부터 있어 왔습니다. 지금도 일제의 식민지배에 대한 진정한 사죄와 일본군'위안부' 문제, 강제동원과 수탈, 독도영유권 등을 둘러싸고 논쟁과 외교 마찰이 일어나고 있습니다.

중국은 개혁·개방 이후 급속하게 경제발전을 이루면서 체제를 안정시키고 선린외교에 주력하였으나, 주변국과의 관계에서 주도권을 잡고자 하는 과정에서 자연스럽게 역사 문제를 둘러싸고 이웃과 대립하게 되었습니다. 그중 동북3성 지역의 역사에 대해서는 이른바 '동북공정'이라는 것을 통하여 중국 영토 안에서 일어났던 역사를 모두 자기 역사 속에 편입하고자 함으로써, 우리의 고대사(고조선, 부여,

고구려, 발해 등)와 충돌하게 되었습니다.

　우리 재단은 이런 역사 현안을 우리 입장에서 연구하면서, 다른 한편으로 우리 국민이나 다른 나라 사람들이 우리의 연구 결과를 같이 공유하고, 이를 쉽게 알 수 있도록 교양 수준의 책을 출간하게 되었습니다. 한·중·일 역사 현안인 독도, 동해 표기, 일본군'위안부', 일본역사교과서, 야스쿠니 신사, 고조선, 고구려, 발해 및 동북공정 관련 주제로 우리 재단 연구위원을 중심으로 재단 외부 전문가들로 필진을 구성하였습니다.

　모든 국민들이 이 교양서들을 읽어서, 역사·영토 현안을 올바르게 인식하고 나아가 우리가 동북아 역사갈등을 주도적으로 해결하여 평화체제를 이룩하는 데 주역이 되기를 바랍니다.

동북아역사재단
이사장

책을 내면서

 13세기 초·중반, 30년에 이르는 전쟁으로 시작되어 이후 100여 년에 걸쳐 지속된 몽골과의 관계는 고려가 이전에 경험했던 중국 왕조들과의 관계와는 다른, 이질적이고도 강렬한 것이었다. 몽골이 주도하는 새로운 관계 및 질서 속에서 고려인들은 그에 저항하기도 했으나 동시에 나름의 방식으로 적응하며 자기 존립 기반을 구축했다. 그리고 고려와 몽골을 주체로 하는 이질적인 두 질서가 충돌하면서도 조율되어 또 하나의 질서와 구조를 만들어냈다.

 이러한 경험과 그로 인한 변화는 고려 사회 전반에 걸쳐 이루어졌으나, 특히 고려국왕권을 둘러싼 조건과 환경들에 큰 폭의 변화가 나타났고 고려국왕은 '정동행성승상 부마 고려국왕'이라는 복합적인 위상을 갖게 되었다. 고려·몽골 관계가 유지되었던 시기가 고려 말·조선 초의 정치·사회 변동 과정에 선행하는 시기라는 점, 그리고 전근대시기 국왕이 점했던 정치적·사회적 구심점으로서의 위상을 고려할 때, 위와 같은 국왕 위상의 변화는 그로부터 파생되는 다른 정치적·사회적 변동의 시발점이자 중심점으로서 중요한 의미를 가진다.

 이 책에서는 13~14세기 고려·몽골 관계의 특징과 그것이 고려의 정치·권력구조에 미친 영향을 그 중심에 있었던 고려국왕 위상 변화를 통해 이야기하고자 한다. 구체적으로는 정동행성승상, 부마, 고려국왕이라는 이 시기 고려국왕의 세 가지 위상이 각기 표상하는 고려·몽골 관계의 세 가지 요소가 어떻게 상호작용하며 이 시기 고려의 정치에 영향을 미치고 있었는가에 대한 이야기가 될 것이다.

몽골과의 관계 속에서 고려 국왕 및 왕실 구성원들은 몽골황실의 공주들과 혼인했고, 또 몽골황실의 친위부대인 케식怯薛에 참여하기도 했다. 이는 모두 이전 시기 중국 왕조와의 관계에서는 찾아볼 수 없는 양상으로 유목국가인 몽골제국이 지배가문 간·지배층 개인 간 관계를 통해 정치 단위 간 관계를 공고히 하는 관계 형성 및 유지방식과 관련된다.

한편 몽골이 일본 원정을 준비하는 과정에서 고려에 몽골제국의 관부인 정동행성을 세웠고, 고려국왕은 그 장관인 승상직을 세습했다. 일본 원정 계획이 철회된 이후에도 고려에 남은 정동행성은 일반적으로 원의 간섭 기구라고 알려져 있다. 그러나 정동행성이 고려에 미친 영향은 그를 통한 원의 직접적인 간섭보다는, 그를 통해 고려-몽골 관계에 포함되게 된 관료제적 요소에서 더 두드러진다.

고려-몽골 관계에는 이러한 이질적 요소들이 새롭게 포함되었지만, 고려가 몽골 이전 다른 중국 왕조들과 맺었던 국가 간 관계의 요소도 유지되었다. 고려는 이전 시기 중국왕조들과 마찬가지로 몽골제국과도 제후국과 황제국으로서 관계를 맺었다. 다만, 기존에는 주로 외교적 영역에서만 작동했던 황제의 권력과 권위는 이제 고려 국내 영역에서도 실제적인 권력과 권위로 기능하게 되었다.

고려·몽골 관계 속에서 발생한 정치적 분쟁의 추이를 주로 다루는 이 책을 통해 서로 다른 질서들이 함께 하면서 서로 영향을 주어 새로운 질서를 만들어가는 과정이 흥미롭게 전달되기를 기대한다. 더불어 몽골과의 관계가 고려국왕권에 가져온 변화 및 고려의 정치와 사회에 미친 영향을 보다 구조적으로 이해하는 데에도 도움이 되기를 기대한다. 이러한 이해 위에, 공민왕 대에 이르러 몽골과의 관계를 청산하고자 한 시도의 의미와 맥락 또한 구조적으로 이해할 수 있을 것이다.

이명미

차례

간행사 / 5
책을 내면서 / 7

제1장
고려와 몽골, 관계의 시작

1. 강동성의 맹약에서 강화(講和)에 이르기까지 / 16

2. 고려에 온 몽골 공주들, 몽골에 간 고려 왕자들 / 29

3. 몽골이 일본으로 향하는 길에 - 정동행성과 고려 / 53

제2장
관계의 작용 - 고려국왕위를 둘러싼 논쟁

1. '정동행성승상 부마 고려국왕'으로서의 고려국왕 / 70

2. 충렬왕과 충선왕 사이에서 - 권력구조를 인식하다 / 74

3. 충숙왕에서 충혜왕까지 - 권력구조를 활용하다 / 90

제3장
관계의 귀결

1. 새로운 가문의 등장과 성장
 - 기황후와 기씨일가 / 112

2. 이 틀을 벗어나야 한다
 - 공민왕이 당면한 현실 / 125

3. 원에서 명으로 / 150

참고문헌 / 162
찾아보기 / 165

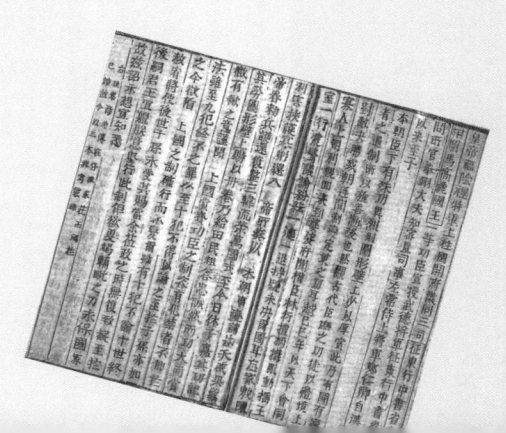

• 몽골 복속기 고려국왕위 계승도

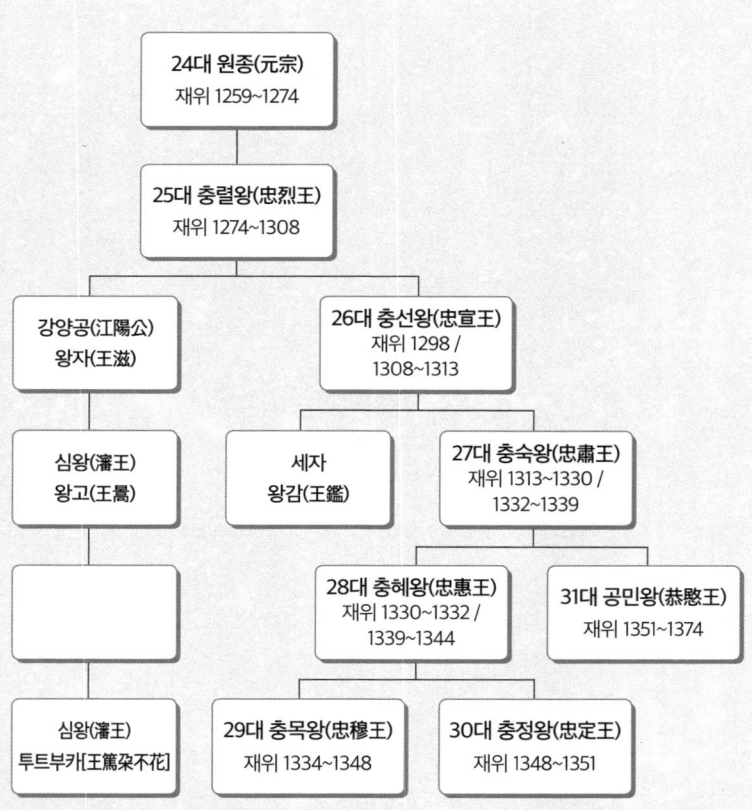

• 몽골 카안위 계승도

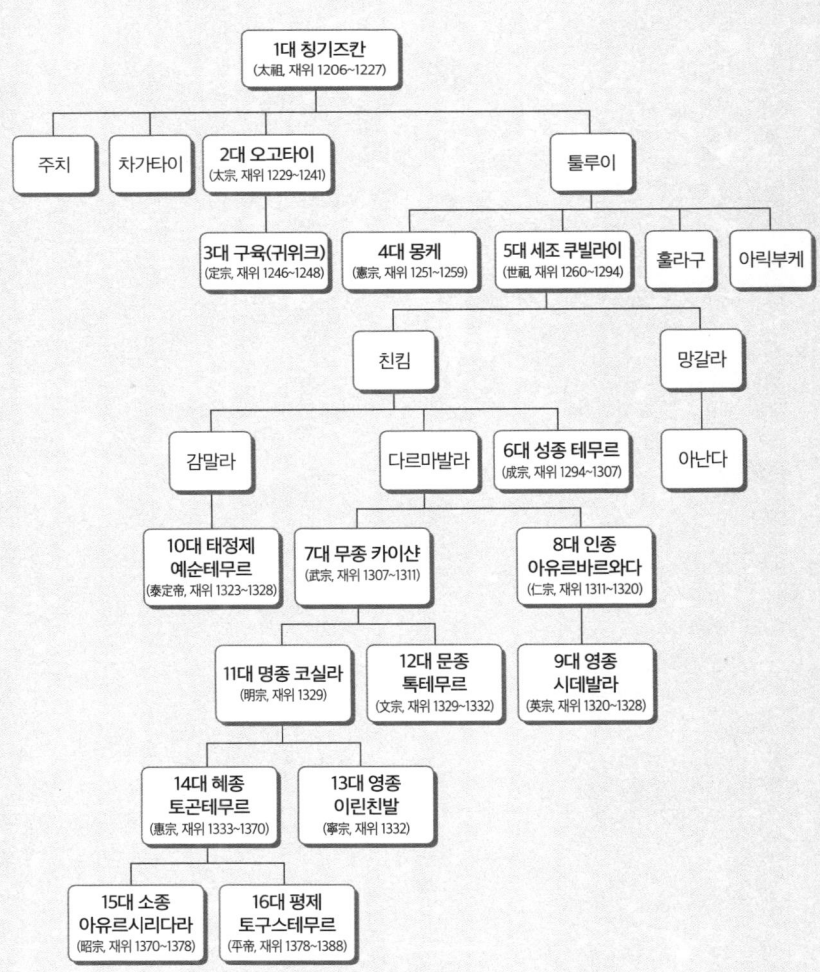

제 1 장

고려와 몽골, 관계의 시작

고려에서 무신정권이 유지되는 가운데 시작된 고려와 몽골의 전쟁은 30여 년간 지속되었다. 전쟁이 끝난 후에도 고려왕조가 유지되었고, 고려국왕은 몽골과의 관계 속에서 정동행성승상, 부마와 같은 새로운 위상을 갖게 되었다. 그리고 무신집권기를 거치며 무너진 왕권의 기반을 재구축하는 과정에서, 고려에 들어온 몽골 관료 및 몽골 관부와의 관계에서 우위를 점하고자 하는 과정에서 고려국왕들은 자신의 새로운 지위를 적극적으로 활용하며 여러 가능성을 모색했다.

1 강동성의 맹약에서 강화(講和)에 이르기까지

강동성에서의 만남

1218년(고려 고종 5, 몽골 태조 칭기즈칸 13) 겨울, 몽골군의 원수 카치운哈眞과 차라札剌는 1만 명의 군사를 거느리고 강동성江東城으로 향했다. 강동성은 현재의 평양 북동쪽에 위치한 평안남도 강동군 지역이다. 이듬해인 1219년 1월에는 고려의 장수 조충趙冲과 김취려金就礪가 강동성으로 향했고, 카치운의 군대와 함께 강동성을 포위하고 그 안에 있던 거란인들을 공격해 항복을 받아냈다. 협공에 성공한 후, 고려와 몽골의 장수들은 이른바 '형제맹약'을 맺었다. 몽골군과 고려군이 강동성에서 만난 거란인들은 이때 어떤 이유로 이곳에 들어와 있었을까?

1206년, 테무진은 몽골초원의 여러 부족을 통합하고 그들로부터 칭기즈칸이라는 칭호를 받으며 칸에 추대되었다. 이후 칭기즈칸은 정벌전을 진행했는데 3년여의 공격 끝에 1214년, 금金이 항복했다. 이 과정에서 당시 금의 통치하에 있던 거란인들 가운데 일부가 요遼의 부흥을 내세우며 대요수국大遼收國을 건설했으나, 곧 내분이 발생해 일부 세력이 몽골에 투항했고 나머지 세력은 몽골에 쫓겨 1216년 고려의 영내로 들어가게 된다. 이에 고려에서 군사를 보내어 양자 간에 몇 차례 전투가 벌어졌고, 조충과 김취려가 이끄는 군대의 공격을 받은 거란인들은 강동성으로 들어가서 버티기 시작했다. 1218년 9월의 일이었다.

같은 해 겨울, 거란인들을 쫓아온 몽골군은 고려군에 함께 공격할 것을 제안했고, 고려 측에서도 영내를 침범한 외부 세력을 몰아내야 하는 상황이었기 때문에 이에 응했다. 고려와 몽골이 힘을 합해 공동의 적을 공격하고 이후에는 '형제맹약'까지 맺었으니, 비교적 우호적인 첫 만남이었다고 할 수도 있겠다.

칭기즈칸의 나라, 예케 몽골 울루스

1206년, 테무진은 자신이 통합한 여러 부족에 의해 칭기즈칸으로 추대되면서 그 국가의 명칭을 예케 몽골 울루스Yeke Mongol Ulus라고 했다. 예케는 '크다'라는 의미이며, 울루스는 원래 '사람', 혹은 '백성'을 의미하는 용어인데 '부족' 혹은 '국가'라는 의미로 확장되어 사용되기도 했다. 즉, 예케 몽골 울루스는 칭기즈칸 이전에 몽골초원에 자리 잡고 있던 여러 정치단위들, 즉 '울루스'들을 몽골이 아울러 세운 큰 나라라는 의미라고 할 수 있다. 한문 사료에서는 이를 '대몽고국大蒙古國'으로 기록하고 있다.

1211년, 칭기즈칸은 예케 몽골 울루스의 영역과 민을 그의 아들들과 동생들에게 나눠 다스리게 하는 한편, 각기 해당 방면으로의 원정을 주도하게 했다. 이를 '자제분봉子弟分封'이라고 한다. 칭기즈칸 당대의 정벌은 정벌한 지역을 지배하고 영토를 확장하는 것을 목표로 한 것은 아니었다. 물자의 안정적 확보와 정치적 응징을 목표로 진행되었던 칭기즈칸 대의 정벌전 양상은 그의 아들 오고타이窩闊台, 재위 1229~1241가 즉위하면서 변화를 보이기 시작했다. 영토 지배를 목적으로 하는 정복전쟁이 시작된 것이다. 이러한 정복전쟁을 거쳐 확장된 예케 몽골 울루스의 영역은 다음 지도와 같다.

예케 몽골 울루스는 4개의 대형 울루스(주치 울루스, 차가타이 울루스, 홀라구 울루스, 카안 울루스)로 구성되어 있다. 이 가운데 주치 울루스와 차가타이 울루스는 각기 칭기즈칸의 첫째·둘째 아들인 주치朮赤와 차가타이察合台의 후손들이 계승한 영역이며, 홀라구 울루스는 막내아들 툴루이拖雷의 셋째 아들인 홀라구旭烈兀가 원정을 통해 확보하고 그 후손들이 계승한 영역이다. 홀라구는 유명한 세조 쿠빌라이忽必烈, 재위 1260~1294의 동생이다. 카안 울루스는

▬▬ 예케 몽골 울루스 ■으로 표시된 부분은 가장 확장된 시기 예케 몽골 울루스의 영역이다.
■ 부분은 예케 몽골 울루스의 영향력이 미친 범위이다.

예케 몽골 울루스의 카안이 직접 통치하는 영역이다.

'칸'과 '카안'은 유목국가에서 수장을 지칭하는 용어인데, 몽골제국에서 이 두 가지는 그 위상이 구분된다. '카안'은 대몽골제국, 즉 예케 몽골 울루스 전체를 총괄하는 군주에 대한 칭호이며, '칸'은 예케 몽골 울루스를 구성하는 하위 울루스 수장에 대한 칭호이다. 즉, 하위 울루스의 수장인 '칸'들은 각자 분배받은 영역을 자율적으로 통치했지만, 동시에 '카안'의 상위 권위로서의 위상을 의식하며 카안이 총괄하는 예케 몽골 울루스의 일부로서 존재하고 있었던 것이다.

한편, 위와 같은 울루스의 구성은 툴루이의 첫째 아들 헌종 몽케蒙哥, 재위 1251~1259가 사망한 후 둘째 아들 쿠빌라이와 막내 아릭부케阿里孛哥의 계승 분쟁에서 쿠빌라이의 승리로 돌아가게 된 것을 계기로 확립되었다.

각 울루스들은 현지의 문화와 제도를 적극적으로 흡수하며 정착했다. 예컨대, '중국' 영역, 즉 한지漢地를 주요 부분으로 삼는 카안 울루스는 중국의 제도, 즉 한법漢法을 도입해 통치체제를 정비했고 그 국호도 '대원大元'이라는 한자식 국호를 사용했다. 세조 쿠빌라이가 제정한 '대원'이라는 국호는 카안 울루스 영역만이 아니라 4개의 울루스 전체를 아우르는 영역, 즉 '예케 몽골 울루스'의 한자식 국호였다. 그러나 동시에 각 울루스들은 '몽골'로서의 문화와 제도도 유지하고 있었으니 천호제도, 케식제도, 역참제도 등이 그 대표적 사례이다.

한편 '예케 몽골 울루스'라는 국가체제 아래에서 지도에 보이는 4개의 대형 울루스가 유지되는 가운데 그 하위에도 다수의 울루스들이 있었다. 각 울루스 단위에서 지속적으로 그 후손들에게 영역과 민을 나누어주어 다스리게 하는 분봉이 진행되는 가운데 하위의 울루스들은 계속 증가했다. 이렇게 황실의 구성원으로서 그 민과 영역의 일부를 분봉 받는 자들은 황실의 남성 구성원인 종왕宗王 혹은 제왕諸王 외에도 여성 구성원인 후비와 공주가 포함되었고 공주와 결혼한 부마도 포함되었다. 이들은 각기 분봉 받은 영역과 민을 관리하는 데에 필요한 관료조직을 두었다.

전쟁이 종식된 후 고려와 몽골의 관계는 고려와 카안 울루스의 관계가 중심을 이룬다. 이 카안 울루스가 한지를 주된 통치영역으로 삼게 되면서 중국의 제도를 받아들여 통치제제를 정비하면서도 '몽골'로서의 제도와 문화를 유지하고 있었다는 사실, 즉 '예케 몽골 울루스'의 일부였다는 사실은 고려와 몽골의 관계를 이해하는 데에도 중요한 의미를 가진다.

육반산六槃山에 가기까지

1259년 봄, 고려 태자 왕전王倎은 수행 신하들을 거느리고 국경을 넘어 낯선 길을 나섰다. 몽골의 고려 침공이 시작된 지 28년이 되는 해, 몽골의 카안 헌종 몽케를 만나 화친을 요청하러 가는 길이었다.

1219년 '형제맹약'을 맺으며 시작되었던 양국 관계는 얼마 지나지 않아 파탄이 나게 된다. 몽골 측에서는 해마다 사신을 보내어 무리한 공물을 요구했고, 고려에 온 몽골 사신들은 고려가 이전까지 접해보지 못한 행동을 해서 고려 측의 불만을 샀다. 예컨대 형제맹약이 맺어진 직후에 고려에 온 몽골 사신은 입고 온 털옷과 털모자 차림 그대로 활과 화살을 차고서 왕이 정무를 보는 전각에 곧바로 들어가 왕의 손에 직접 가지고 온 편지를 전달하려고 했다. 고려 신료들의 만류로 의복을 갈아입고 예를 취하게 했으나 정해진 예를 다 따르지는 않았다고 한다.

이러한 가운데 1225년에는 이전에도 몇 차례 고려에 왔던 몽골 사신 차쿠르著古與가 돌아가는 길에 국경 부근에서 피살되는 사건이 발생했다. 지금도 그 사실관계는 파악하기 어려우나 고려 측에서는 이 사안과 관련한 책임을 극구 부인했다. 그러나 몽골 측에서는 이를 고려 측 소행으로 보고 더 이상 사신을 보내지 않았고, 6년이 지난 1231년에 이르러 사신 피살 사건에 대한 책임을 물으며 고려에 군대를 보냈다.

고려의 입장에서는 다소 뜬금없는 시점에 몽골이 고려를 공격해온 것은 당시 몽골의 정국과 관련된다. 차쿠르가 사망했던 1225년 당시 칭기즈칸은 호라즘 원정 중이었고 그의 막내동생이 감국監國, 즉 국정 운영을 대행하고 있었다. 이에 몽골 측에 사신

피살을 문제로 삼아 공격을 하고자 하는 의사가 있었다 하더라도 외국에 대한 공격을 감국이 결정하고 실행하기는 어려웠을 것이다. 이러한 가운데 1227년, 칭기즈칸은 호라즘 원정 중에 사망했고, 그가 후계로 지명했던 셋째 아들 오고타이가 카안위에 올랐다.

중국 왕조에서와 같은 태자제도가 부재한 몽골제국에서 카안위의 승계에는 전대 카안의 의사와 황실 구성원들의 의사가 모두 중요하게 작용했고, 결과적으로 많은 시일이 소요되었다. 카안이 사망하면 황실 구성원들이 모두 모여 쿠릴타이, 즉 집회를 개최했다. 여기에서 황실 구성원들은 전대 카안이 지명한 후계자의 카안위 승계에 동의하고 그를 축하하며 즉위식을 거행하거나, 혹은 다른 후계자를 추천하여 누가 카안위를 승계하는 것이 보다 적합한지에 대해 논의하게 된다. 별 문제가 없는 경우에도 카안위가 교체되는 과정에 많은 시간이 소요되는데 각지에 흩어져있던 황실 구성원들이 수도인 카라코룸에 오는 시간과 전대 카안이 지명한 후계자가 마음에 들지 않아 쿠릴타이 참여를 지연시키는 경우가 있었다.

이러한 몽골제국 내의 상황은 이후 몽골의 고려 침공이 간헐적으로 행해지고 몽골군이 전쟁 도중에 고려 측 상황과 무관하게 철수했던 배경이기도 했다.

오고타이는 그 즉위 과정에 별다른 문제가 없었지만 위와 같은 과정을 거쳐 그가 카안위에 오른 것은 칭기즈칸이 사망하고 2년이 지난 1229년에 이르러서였다. 즉위 후 여러 상황을 정리한 오고타이는 1231년 동·서 양방면으로 원정을 시작했다. 고려에 대한 침공은 그 일환으로 행해진 것이었다.

어찌 되었든, 몽골군의 기세가 거세기도 했지만 예상하지 못한 시점에 예상하지 못한 공격을 받은 고려는 우선 전쟁을 끝내고자 몽골에서 요구하는 내용을 모두 수용하자 장수 살리타撒禮塔가 이끄는 몽골군은 곧 철수했다. 그러나 얼마 지나지 않아 당시 고려의 정권을 장악하고 있던 무신집권자 최우崔瑀는 강화도로 도읍을 옮겼고, 몽골은 다시 고려를 침공했다.

이후로도 몽골은 수차례 고려를 침공했는데, 고려 지역민의 항전이 밑받침되는 가운데 고려 조정, 정확히는 최씨정권이 몽골의 요구를 적절한 수준에서 수용하며 버텼고, 몽골에서도 내부적인 상황들이 맞물리면서 공격과 철수를 반복했다. 이러한 상황은 최씨정권의 집권자 최의崔竩가 피살되는 1258년까지 계속되었다.

간헐적이라고는 하지만 30년 가까이 전쟁이 지속되면서 고려 지역민의 피해가 커졌고, 이는 세금 유입의 감소로 이어지며 강화도의 조정에도 부담이 되었다. 지역단위로 몽골군에 투항하는 사례도 다수 발생하는 가운데 강화도 조정에서도 전쟁을 끝내야 한다는 의견, 즉 강화론講和論이 힘을 얻기 시작했다.

이러한 고려 내의 상황 변화에 맞물려, 강화를 위한 몽골 측

<표 1> 몽골의 고려 침략

차수	기간	몽골군 지휘관	참고사항
1차	1231.8~1232.1	살리타	1232.7. 강화도 천도
2차	1232.8~1232.12	살리타	1232.12. 김윤후의 살리타 사살
3차	1235.윤7~1239.4	당구	
4차	1247.7~1248.3	아무간	
5차	1253.4~1254.1	예쿠	
6차	1254.7~1259.4	잘라이르타이	1258.3. 최씨정권 종식 1259.4. 몽골과 강화

요구사항도 완화되었다. 즉, 몽골은 고려국왕이 직접 몽골 조정으로 가서 황제를 만나 항복할 것을 지속적으로 요구했는데, 이를 고려국왕 대신 태자가 오는 것도 허용하겠다고 한 것이다. 이러한 가운데 1258년에는 최씨정권에서 소외된 정치세력들이 항전을 주장하는 최의정권에 반대하며 최의를 죽이고 정권을 왕에게 돌리는 정변이 발생했다.

이후 강화 논의는 급물살을 탔고 1259년 4월, 국왕 고종高宗의 아들인 태자 왕전이 막중한 임무를 수행하려 먼 길을 떠나게 되었다. 그러나 당시 남송 원정을 위해 이동 중이던 헌종 몽케를 만나기 위해 태자 왕전이 육반산에 이르렀을 무렵, 헌종 몽케가 사망했다는 소식이 전해졌다. 1259년 7월의 일이었다.

탁월한 선택 혹은 운명적인 우연

남송 원정을 위해 이동하던 헌종 몽케가 갑자기 사망한 후 몽골에서는 차기 카안위를 놓고 전운이 감돌았다. 몽케의 아들들은 아직 어렸고 몽케에 앞서 남송 원정에 선발대로 나섰던 둘째 동생 쿠빌라이는 북상 중이었으며, 일단 카안위에 가장 가까이 있었던 것은 원정길에 나선 형을 대신해서 카라코룸을 지키고 있던 막내 동생 아릭부케였다. 서방 원정길에 나섰던 셋째 동생 훌라구는 되돌아가기에는 너무 멀리 왔음을 인지하고 원정을 계속 진행하며 사태를 관망했다.

이국땅에서 갑작스레 목적지를 잃은 고려 태자 일행은 어땠을까? 당시의 상황을 『고려사』는 다음과 같이 기록하고 있다.

> 육반산에 도착하니 헌종 황제는 승하하고 아릭부케는 북방 평야지대에서 군대를 맡고 있어서 제후들은 걱정하며 누구를 따라야 할지 결정하지 못하고 있었다. 그때 황제의 동생 쿠빌라이가 강남江南에서 군세를 과시하고 있었으므로, 왕은 드디어 남쪽으로 방향을 돌려 험한 길을 거쳐서 양주梁州와 초주楚州의 교외에 도착하니, 마침 황제의 동생 쿠빌라이가 양양襄陽에 있다가 군대를 돌려서 북상하고 있었다. (중략) 황제의 동생이 놀라고 기뻐하면서 말하기를, "고려는 만 리나 떨어져 있는 나라이고, 당唐 태종太宗이 친히 정벌하였으나 굴복시키지 못했는데 지금 그 나라의 세자가

스스로 나에게 귀부歸附해오니 이것은 하늘의 뜻이다"라고 하면서 크게 칭찬하고, 함께 개평부開平府에 도착했다. (밑줄은 필자. 이하 동일)

『고려사』권25, 원종 원년(1260) 3월

『고려사』의 기록을 보면, 고려 태자 일행은 몽케 사후 일촉즉발의 몽골 정세를 파악한 후 결단을 내려 쿠빌라이 쪽을 선택해서 이동한 것처럼 보인다. 이에 기대하지 않았던 고려 태자와의 만남을 쿠빌라이는 "하늘의 뜻"이라 하며 기뻐했다고 한다.

그러나 당시 고려 태자 일행의 이동 경로를 따라가보면 고려 태자가 쿠빌라이와 만난 것은 우연으로 보이기도 한다. 고려 태자 일행이 의도적으로 쿠빌라이 쪽을 선택해서 만남이 이루어진 것은 아니라는 것이다. 이렇게 본다면, 위 『고려사』기록은 이후 몽골과의 관계가 안정되면서 양국 간 안정적 관계의 시작을 고려 측의 적극적인 의지와 선택의 결과로 수식하고자 한 당시 사람들의 지향이 반영된 것일 수 있다. 당시의 만남이 고려 태자 측 선택의 결과였다면 탁월한 상황 판단과 선택이었고, 우연의 결과였다면 대단히 운명적인 우연이었다고 하겠다.

몽골에서 이러한 운명적인 만남이 이루어지고 있던 때, 고려에서는 태자가 몽골로 출발하고 얼마 지나지 않아 고려국왕 고종이 사망했고 고려의 국정은 태자의 아들 태손 왕심王諶이 임시로 관장하고 있었다. 전쟁 종식을 위한 막중한 임무를 부여받은 태자로서 성과 없이 귀국할 수 없어 남아있었지만, 한시가 급한 상황이었을 것이다. 이러한 가운데 1260년 봄에 이르러 태자의 귀국 채비가 이루어졌고, 쿠빌라이를 따르는 관료들 중 조양필趙良弼과 렴희헌廉希憲은 힘들이지 않고 고려를 얻는 방안으로써 태자를 고려 국왕으로 삼아 돌려보낼 것을 건의했다. 쿠빌라이는 이 제안을 받아들여 태자를 국왕으로 책봉하고 귀국시켰으니, 그가 원종元宗, 재위 1260~1274이다.

이후로도 아릭부케와의 충돌은 계속되었지만, 쿠빌라이 역시 1260년에 카안위에 올랐다. 그는 즉위 후, 귀국 전 고려 태자 왕전이 요청했던 사안들을 반영해 향후 고려와 몽골의 관계와 관련한 몇 가지 사항을 담은 조서를 보냈다. 여기에는 고려의 의관衣冠은 풍속을 따르고, 사신은 몽골 조정에서만 파견할 것이며-종왕들은 사신을 파견하지 않도록 하고, 군대를 철수할 것이니 개경으로의 환도를 서두를 것을 당부하는 내용 등이 담겨 있었다. '전쟁 끝 평화 시작'을 알리는 조서였다.

2 고려에 온 몽골 공주들, 몽골에 간 고려 왕자들

1) 몽골 공주들, 고려에 오다

첫 번째 통혼, 제국대장공주와 세자 왕심

1274년(고려 원종 15, 원 세조 쿠빌라이 지원 11) 5월, 고려 세자 왕심과 원 세조 쿠빌라이의 딸 쿠틀룩케르미쉬忽都魯揭里迷失 공주가 원에서 결혼했다. 곧이어 다음 달에 원종이 사망하자 세자 왕심은 세조 쿠빌라이의 책봉을 받고 8월에 귀국해 왕위에 올랐으니, 바로 충렬왕忠烈王, 재위 1275~1308이다. 충렬왕은 상황을 정리한 후 사신을 보내어 원에서 공주를 맞이해 오도록 했다. 유명한 제국대장공주齊國大長公主이다.

충렬왕과 제국대장공주의 통혼 이후로도 많은 몽골 공주들이 고려국왕 혹은 왕자와 결혼해서 고려에 왔다. 그들에 얽힌 이야기는 뒤에서 필요할 때 다시 하도록 하고, 일단 양 왕실 간 통혼 사례를 간략하게 정리해보면 〈표 2〉와 같다.

<표 2> 고려왕실과 몽골황실의 통혼

고려국왕·종실	몽골 공주	공주의 부친: 가족관계 및 통혼 당시 황제와의 관계(촌수)
충렬왕	제국대장공주(齊國大長公主)	세조(世祖) 쿠빌라이: 황제
충선왕	계국대장공주(薊國大長公主)	진왕(晉王) 감말라: 황제(성종)의 형
심왕 왕고	눌룬공주(訥倫公主)	양왕(梁王) 중산: 감말라의 아들(4촌)
충숙왕	복국장공주(濮國長公主)	영왕(營王) 에센테무르 : 쿠빌라이의 손자(5촌)
충숙왕	조국장공주(曹國長公主)	위왕(魏王) 아모가: 인종의 이복형(4촌)
충숙왕	경화공주(慶華公主)	위왕(魏王) 아모가: 인종의 이복형(3촌)
충혜왕	덕녕공주(德寧公主)	진서무정왕(鎭西武靖王) 최펠 : 쿠빌라이의 증손(7촌)
공민왕	노국대장공주(魯國大長公主)	위왕(魏王) 볼라드테무르 : 위왕 아모가의 아들(5촌)

보다시피, 쿠틀룩케르미쉬 공주와 세자 왕심의 통혼은 고려왕실과 몽골황실 간 세대를 거듭한 통혼의 첫 사례가 되었다. 고려와 몽골 간에 강화가 이루어지고 15년이 지난 시점, 이미 부인과 아들이 있었던 39살의 세자 왕심과 이제 16살이 된 쿠틀룩케르미쉬 공주는 어쩌다가 결혼하게 되었을까?

통혼이 성사되기까지

고려 세자와 몽골 공주가 결혼한 해로부터 5년 전인 1269년, 원종은 왕위에서 물러났다가 5개월 만에 다시 왕위에 올랐다. 무신집권자 임연林衍이 원종을 폐위했고 몽골황제 쿠빌라이가 사신을 보내어 원종을 복위하게 한 것이었다. 쿠빌라이가 원종을 복위시킨 것은 고려 세자 왕심의 요청에 따른 것으로 당시 왕심은 이와 함께 군대를 보내줄 것과 황실의 딸과 혼인하게 해줄 것을 요청했다. 즉, 고려 세자 왕심이 몽골황실에 청혼하게 된 데에는 원종 폐위 사건이 중요한 배경이 되었던 것인데, 이 사건은 1258년 최씨정권 종식과 이듬해 고려-몽골 간 강화 이후로도 불안정하게 전개되었던 고려 정국과 고려-몽골 관계의 결과물이었다.

우선 최의가 피살되면서 최씨정권이 종식되었지만, 이후로도 무신정권은 유지되어 정변의 과정에서 주도적인 역할을 한 김준金俊이 교정별감敎定別監 직을 맡으며 새로운 무신집권자가 되었다. 정변을 일으킨 자들은 그간 최씨의 사저에 있던 정방政房을 왕의 편전 옆으로 옮기면서 인사의 권한을 왕에게 되돌렸다. 그러나 무신정권이 유지되는 가운데 국왕이 정권을 오로지하지 못했고, 결정적으로 국왕권의 물리적 기반이라고 할 수 있는 군사권은 무신집권자가 독점하고 있었다.

이러한 가운데 김준이 그 세력을 점차 강화해가자, 국왕 원종은 1268년 김준과 갈등 관계에 있던 무신 임연을 포섭해 김준을 제거했다. 이 과정에서 원종의 이해관계는 스스로의 권력, 즉 왕권의 범주를 확장하는 것이므로 김준이 제거된 후에 바로 임연의 세력을 견제했다. 그러나 당연하게도 김준에 이어 교정별감이 된 임연의 이해관계는 이와 달랐다. 원종의 견제를 받은 임연은 다른 신료들의 묵인하에 원종을 폐위시키고 원종의 동생 왕창王淐을 즉위시키며 자신의 권력을 이어가고자 했다.

한편, 1259년 세자 왕전과 쿠빌라이의 만남으로 전쟁이 끝나고 평화가 시작된 듯 보였지만, 고려와 몽골의 관계 역시 불안정하게 유지되고 있었다. 이는 크게 두 가지 문제를 둘러싸고 표면화했다. 한 가지는 무신정권이 유지되는 가운데 개경으로의 환도가 실행되지 않았다는 사실, 다른 한 가지는 쿠빌라이가 일본에 사신을 보내면서 고려에 그 사행길을 인도할 것을 요구했으나 고려에서 이에 적극적으로 응하지 않은 상황이었다.

세조 쿠빌라이는 사행단의 길 안내에 적극적이지 않은 고려를 질책하면서 이른바 '6사事'라고 하는, 칭기즈칸 이래로 몽골이 복속국에 대해 요구했던 6~7가지 사항에 대해 언급했다. 여기에는 질자質子, 인질를 보내는 것納質, 역참郵驛을 설치하는 것, 호적을 작성해서 제출하는 것供戶數籍, 군사를 보내어 협조하는 것助軍 및 그 일환으로서 군량을 조달하는 것, 그리고 다루가치達魯花赤를 두는 것 등이 포함된다. 이 가운데 고려는 '질자를 보내는 것'만 행한 상태였다.

몽골의 위와 같은 요구사항들은 상대방의 복속을 확인하고 이후 관계를 안정적으로 유지하는 기제로, 그 항목들이 모두 관철되어야 하는 것은 아니었다. 이러한 점은 고려의 관계에서도 마찬가지였다. 세조 쿠빌라이가 굳이 '6사'를 들어 고려의 태도를 문제 삼은 것은 고려에 이 모든 항목을 이행할 것을 요구하기 위해서라기보다는, 일본으로 향하는 사행단을 인솔하는 문제에 대한 고려의 애매한 태도와 전쟁 종식을 마무리짓는 개경으로의 환도가 지연되고 있는 상황으로 인해 고려의 몽골에 대한 복속 여부에 의심을 갖게 되었기 때문이었다.

한편, 고려로서는 몽골 사행단이 일본에 무사히 도착하더라도 일본은 몽골의 요구, 즉 우호적인 관계(사실상은 상하관계)를 맺는 데에 응하지 않을 것이 예상되는 가운데 그러한 상황이 불러올 갈등, 즉 전쟁을 막기 위해서, 정확히는 그 과정에서 고려에 주어질 부담을 피하기 위해 사행단 인솔에 미온적으로 대응한 측면이 있었다. '6사'의 요구사항들 역시 전쟁 중에 몽골 측에서 요구한 사항이기는 하지만 양국 간에 '강화'가 이루어지면서 이미 정리된 사안이라고 이해했을 수 있다. 또한 이전 중국 왕조들과의 관계에서는 요구되지 않았던 사항들이었기 때문에 그다지 적극적으로 응하지 않은 측면도 있었을 것이다.

어찌 되었든 몽골의 고려에 대한 불만과 불신이 팽배해지는 가운데, 몽골 내에서는 다시 고려에 대해 군사 공격을 진행해야 하는 것이 아닌가 하는 논의까지 이루어지고 있었다. 이러한 상황이었으니, 임연이 원종을 폐위한 사건은 몽골의 입장에서는 고려와의 관계에 경고등을 켠 사건이었다고 할 수 있을 것이다. 세조 쿠빌라이와 강화를 맺은, 세조 쿠빌라이가 책봉한 고려국왕을 권신이 마음대로 폐위시켰으니 말이다.

이러한 와중에, 원종의 아들 세자 왕심은 케식으로 몽골에 가 있다가 고려로 돌아오는 길에 아버지의 폐위 소식을 듣게 된다. 그대로 국경을 넘는다면 자신 역시 세자위에서 폐위가 될 것이었다. 어쩌면 왕심은 그간 몽골에 머물면서 몽골 조정 측의 고려에 대한 불안정한 기운을 인지했을 수도 있다. 이에 왕심은 오던 길을 되돌아가 쿠빌라이에게 군대와 결혼을 요청했다. 군대는 군사권을 장악하고 있는 무신집권자를 압박하기 위한 것이었고, 황실 여성과의 결혼은 대외적으로는 몽골과의 관계를 안정시키고 내부적으로는 무신집권자 및 국내 신료들과의 관계에서 황실과의 관계를 바탕으로 왕권을 재구축하기 위한 것이었다고 이야기된다.

몽골의 입장에서 고려는 딱히 황실의 통혼 대상은 아니었다. 그러나 국왕 폐위라는 '사건'이 발생한 가운데 무언가 조처를 취해야 하는 상황, 그러나 남송 및 일본 원정 등을 앞두고 군대를 동원하기에는 다소 부담스러운 상황에서 고려 세자의 요청을 일단 승낙했다.

왕심은 군대를 요청하기는 했으나 몽골의 군대가 고려민들을 동요하게 할 것을 우려하여 그들을 국경 지역에 멈추어두게 할 것을 요청하고, 사신 흑적黑的과 개경에 들어섰다. 흑적은 고려의 신료들에게 국왕 폐위의 사유를 묻고 원종의 복위를 명하는 황제의 조서를 전달하는 한편, 원종을 '황제 사위의 아버지'라 칭하며 우대하고 높은 자리를 양보했다. 원종 역시 황제의 사신보다 높은 자리에 앉을 수 없다며 자리를 양보했고 결국 사신 흑적과 국왕 원종은 각기 손님과 주인 자격으로 대등하게 자리를 잡았다. 이전 몽골의 사신이나 관료들이 국왕보다 높은 자리에 섰던 것과 대조되는 장면이다. 그리고 이러한 장면은 그를 바라보는 고려 신료들에게 상황이 바뀌었음을 알리는 신호탄이 되었다.

원종은 자신을 복위시켜준 것에 감사를 표하기 위해 원 조정으로 향했고, 돌아오는 길에 개경으로 환도할 것을 명했다. 일련의 사건을 겪으며 울화병으로 사망한 임연에 이어 교정별감에 올랐던 아들 임유무林惟茂는 개경으로 돌아가는 것에 반대했으나 자신의 수하들에 의해 피살되었고 개경 환도는 실행되었으며, 무신정권은 종식되었다. 1270년의 일이었다.

그러나 사태가 진정된 후에도 곧바로 몽골 공주와 고려 세자의 통혼이 이루어지지는 않았다. 무신정권이 종식되고 개경으로 환도하는 과정에서 원종은 무신정권의 군대였던 삼별초의 해산과 명단 제출을 명령했는데, 이는 삼별초 구성원들의 불안심리를 자극했다. 배중손裵仲孫을 주축으로 삼별초 군사들이 들고 일어났고 이들은 거점을 강화도에서 진도, 제주도로 옮기며 고려 조정과 몽골에 저항했다. 결국 1273년에 이르러 제주도에서 삼별초를 이끌던 김통정金通精이 사망하면서 이들의 '반란' 혹은 '항쟁'은 진압되었다.

이에 원종은 다시 한번 원 조정에 세자의 결혼을 요청했고, 쿠빌라이는 자신의 딸인 쿠틀룩케르미쉬 공주와의 통혼을 허락했다.『고려사』를 편찬한 사신史臣은 충렬왕 대의 정치를 정리하면서 이를 다음과 같이 평했다.

> 충렬왕忠烈王이 나라를 다스릴 때에는 안으로는 권신이 정치를 마음대로 하고 밖으로는 강적이 침략하여, 온 나라의 사람들이 학정虐政에 죽지 않으면 반드시 창과 화살에 죽임을 당하게 되니 화란禍亂이 극에 도달했다. 그러나 하루아침에 하늘이 화를 내린 것을 후회하여 권신을 죽이고 상국上國에 귀부하니 천자께서 가상하게 여겨서 공주를 시집보내 주었다. 공주가 도착하자 부로父老들은 기뻐서 서로 경하慶賀하며 말하기를, "백 년간의 전쟁 끝에 다시 태평성대를 보게 될 줄은 몰랐다"라고 했다. (하략)
>
> 『고려사』 권32, 사신의 찬贊

고려 세자와 몽골 공주가 결혼했고, '태평성대'가 도래했다.

고려왕실과 몽골황실의 통혼과 고려·몽골 관계

충렬왕과 제국대장공주 이후에도 고려왕실과 몽골황실은 세대를 거듭해 통혼관계를 맺었다. 이것은 고려-몽골 관계에서 어떤 의미를 가지는 것일까?

어느 사회에서나 지배층의 통혼은 정치적 의미를 갖기 마련이지만, 몽골제국에서 통혼은 특히 정치적 제휴로서의 의미를 강하게 내포하고 있었다. 아직 안정된 정치체제가 미비하고 국가도 형성되지 못한 초기의 상황에서 칭기즈칸은 여러 가지 방식으로 다른 정치집단과 동맹을 맺었다. 통혼은 그러한 동맹의 형식 가운데 중요한 한 가지로 정치세력 간의 불안정한 제휴관계를 보다 끈끈한 개인적이고 가족적인 관계로 전환시킴으로써 원래는 구분되어 있던 둘 이상의 집단을 장기적으로 하나로 만드는 기능을 했다. 이렇게 통혼을 통해 연결된 관계, 즉 사돈관계를 형성한 집단 혹은 그 구성원을 몽골에서는 '쿠다quda'라고 칭했다.

몽골제국 성립기 혹은 초기의 통혼과 제국 성립 후 칭기즈칸 가문의 황실로서의 위상이 확고해진 시기의 통혼은 그 성격이 구분된다. 초기의 통혼이 주로 대등한 정치세력 간의 동맹, 그야말로 정치적 제휴를 공고히 한다는 의미가 강한 통혼이었다면, 이후의 통혼은 이에 더해 보다 분명해진 상하관계 아래에서 주로 솔선해서 귀부한 공로, 즉 스스로 와서 복속을 표한 공로에 대한 포상의 의미로 이루어진 것이었다. 몽골의 입장에서 고려왕실이 적합한 통혼 대상이 아니었던 이유이다. 30년 가까이 전쟁했던 고려는 '솔선귀부'와는 거리가 멀었으니 말이다.

칭기즈칸은 통혼 외에도 다양한 방식으로 다른 집단과 동맹관계를 형성했다. 상호 맹약을 통해서 의형제-'안다anda'의 관계를 형성하는 방식, '누케르nöker'-'친구, 벗, 동무'라는 연맹 형식, 그리고 애초에 주종관계로 맺어지는 '보골boghol'과 같은 형식 등이 있었다.

이러한 관계는 매우 개인적인 관계로 보이기도 하지만 단순히 개인적인 차원에서의 교류나 관계에 그치는 것은 아니었다. 이러한 관계를 형성한 가문 및 그 구성원들은 천호, 케식 등 제국을 구성하고 유지하는 근간이 되었던 조직의 주요 구성원이 되었고, 이를 통해 그들이 칭기즈칸 및 그 가문과 맺은 사적인 관계는 제국의 공적인 체제와 영역으로 편입·재편되었다. 통혼 관계 역시 그러하여 황실 부마들은 제왕諸王으로서 몽골황실의 구성원이 되어 제국의 구성과 운영에 중요한 부분을 담당했다.

몽골황실과 고려왕실 간의 통혼은 그간 불안하게 유지되던 양자관계를 가족관계라는 확실한 끈으로 엮어주는 계기가 되었다. 이는 고려가 몽골에 '솔선 귀부'한 공로에 대한 포상이라고 보기는 어렵지만, 이후 고려 측에서는 양국 간 왕실 통혼의 성사를 고려가 몽골에 '솔선 귀부'한 공로에 대한 포상 차원에서 설명했다. 몽골에서는 위와 같은 개인 간·가문 간 관계 자체도 중요하지만, 그 관계의 연원이 얼마나 오래되었는가도 중요했다. 이에 고려는 몽골이 중심이 되는 세계 속에서 고려의 귀부가 매우 모범적이며 이른 것이었음을 드러내기 위해 강동성에서의 전투를 '솔선귀부'한 것으로 설정하고 이후 30여 년간 고려가 몽골에 항쟁했던 사실은 감추었다. 몽골황실과 고려왕실의 통혼은 그러한 고려의 '솔선 귀부'의 결과물로 고려국왕과 왕실의 '근각根脚'으로서의 위상을 증명해주는 역할을 했다. 근각이란 칭기즈칸 가문과의 관계의 역사적 연원, 혹은 그러한 연원이 깊은 가문 및 그에 속한 인물에 대한 지칭이다.

몽골황실의 부마가 된다는 것은?

통혼을 매개로 한 고려-몽골 관계는 고려국왕의 위상에도 변화를 가져왔다. 우선 황실의 부마가 된 고려국왕은 몽골에서 그 지위가 높아졌다. 시간이 흐른 뒤의 이야기지만, 충렬왕은 성종 테무르가 즉위 후 개최한 연회에 참석해 몽골의 여러 제왕이 참석한 가운데 7번째 자리에 앉았다고 하며, 그 이후의 어느 연회에서는 4번째 자리에 앉았다고 한다. 황실과의 통혼을 계기로 한 의례석상에서의 위상 변화는 원종을 복위시키라는 조서를 가지고 온 몽골사신 흑적과 원종의 사례에서도 확인한 바 있다.

충렬왕은 몽골 관리나 관부와의 관계에서도 자신의 부마로서 위상을 내세우고자 했다. 그는 공주와 통혼한 후, 몽골에서 사신이 올 때 '부마의 사례'에 따라 성을 나가서 사신을 맞이하지 않았다고 하며, 이후 자신의 정동행성승상 지위로 인해 행성에서 국왕에게 보내는 문서의 형식이 바뀌었을 때에는 부마에게 보내는 문서형식을 물어보며 재조정을 도모하기도 했다. 이는 몽골 관리와 관부를 의식한 행위이기도 했지만, 동시에 그러한 모습을 바라보는 고려 국내 신료들을 의식한 행위이기도 했다. 결과적으로 사신을 맞이하는 예는 충렬왕이 '외국의 군주'이기도 하므로 원래대로 맞이하게 되었고, 행성의 문서 형식에 대한 문의는 답변을 받지 못했지만 말이다.

한편, 몽골황실의 부마가 된다는 것은 고려국왕이 국왕위에 오르고 그 왕위를 유지하는 데에, 그리고 왕권을 행사하는 과정에서 매우 중요한 기반이 되는 동시에 제약을 가했다.

충렬왕 이후, 어린 나이에 사망한 충목왕과 충정왕을 제외하고 공민왕까지 모든 국왕이 몽골 공주와 통혼했다. 충목왕과 충정왕의 사례가 있고 충숙왕의 경우 즉위 후에 몽골 공주와 결혼했으니 공주와의 통혼이 왕위 계승의 필수적인 전제조건이라고 하기는 어렵다. 그러나 고려국왕위를 둘러싼 분쟁이 빈번하게 발생하고 고려국왕위 계승이 몽골의 영향을 받는 가운데, 몽골황실과의 통혼은 국왕위에 오르거나 왕위를 유지하는 데에 중요한 정치적 기반이 되었다. 뒤에서 다시 보겠지만, 충선왕이 폐위되고 충렬왕이 복위한 후 충렬왕과 그 지지 세력이 충선왕이 다시 왕위에 오를 가능성을 없애기 위해 충선왕의 부인인 몽골 공주 계국대장공주의 재혼을 추진했던 사례는 황실과의 통혼이 상징하는 '관계'가 왕위의 계승에서 매우 중요했음을 혹은 중요하다고 고려의 국왕과 신료들이 생각했음을 보여준다.

한편, 세자 왕심이 부왕 원종을 복위시키기 위해 몽골황실에 청혼한 것이나 그 이후의 상황 전개에서 보듯, 고려국왕이 황실의 부마가 되었다는 사실은 그 자체로 국왕권의 기반이 되었다. 몽골황제의 정치적 권위가 고려 국내에까지 미치는 가운데 그와 혼인관계를 맺은 고려국왕의 권위는 당연하게도 몽골황제권에 가장 근접한 권위로서 황제권을 기반으로 할 수 있었다. 그리고 이러한 점은 그간 고려국왕을 압도하던 무신집권자나 그러한 상황을 묵인하던 고려신료들과의 관계에서 국왕권을 재구축하는 데에 효과적인 역할을 했다.

몽골에서 쿠틀룩케르미쉬 공주와 결혼식을 올린 뒤 국왕위 계승을 위해 먼저 고려에 돌아온 충렬왕은 이어서 고려로 오는 공주를 맞이하는 자리에서 고려의 신료들에게 몽골인들의 머리모양인 변발을 하도록 했다. 충렬왕 본인은 왕위에 오르기 전에 이미 변발을 했다. 그리고 얼마 후에는 모든 고려의 신료들이 변발을 하게 되었다.

이때 충렬왕이 고려 신료들에게 모두 변발을 하도록 한 것은 몽골황제나 고려로 오는 제국대장공주를 의식해서였을 수 있다.

그러나 이후 세조 쿠빌라이가 고려에서 국왕과 신료들이 변발과 호복을 하고 있다는 이야기를 듣고 놀라워하며 그렇게 할 필요가 없다고 했음에도 공민왕이 즉위할 때까지 고려에서 변발과 호복이 유지된 것을 보면, 특히 충렬왕 대의 변발과 호복 착용은 대내적인 용도가 더 크다고 볼 수 있을 것이다. 즉, 고려국왕과 신료들이 함께 변발과 호복을 하는 것은 이제까지와는 다른 몽골황제를 정점으로 하는 질서 안에 고려국왕과 신료들이 포함되었음을 그야말로 온몸으로 의식할 수 있게 하는 장치였다. 그리고 충렬왕 대 초반 상황에서는 고려 내에서 이러한 '질서'의 정점에 가장 가깝게 다가가 있었던 고려국왕의 권위를 강조할 수 있는 장치이기도 했다.

충렬왕은 측근 기구를 형성하는 과정에서도 자신의 부마로서의 위상, 황실과의 관계를 활용했다. 무신집권기를 거치며 관료들과의 관계가 불안정한 상황에서 충렬왕은 친신親臣을 중심으로 하는 정치 운영을 제도화하고자 했다. 이 과정에서 충렬왕은 '기무機務', 즉 중요하고 비밀스러운 업무를 담당할 관직으로 비체치必闍赤를 두었다. 그 초기 구성원들은 대체로 새롭게 정계에 진출해 국왕과 긴밀한 관계를 유지했거나 특별히 능력을 인정받은 사람들이었다.

그 명칭을 통해 짐작할 수 있듯이, 비체치는 몽골의 관직이다. 이는 케식怯薛에 포함되는 직종으로 주로 문서 업무를 담당했다.

케식에 대해서는 바로 뒤에서 자세히 살펴볼 것이지만 이는 몽골 황실 구성원의 숙위기구였고, 충렬왕은 그의 '부마'로서의 위상에 근거해 케식을 둔 것이었다. 충렬왕 본인도 즉위 전 몽골에서 케식으로서 생활했는데, 이때 자신을 수행했던 관료들로 충원해 자신을 호위하게 했던 코르치忽赤 역시 케식의 한 직종이다. 충렬왕이 친신 중심 정치를 제도화하는 데에 고려의 기존 제도나 기구를 활용하거나 새롭게 만들지 않고 굳이 자신의 황실 부마로서의 위상에 근거해 몽골식 제도를 도입했음이 주목된다. 이는 그러한 충렬왕의 정치적 움직임에 대한 신료들의 반발을 몽골황실의 권위를 빌어 무마하기 위한 것이었다고 생각된다.

이처럼 몽골황실의 부마라는 위상은 고려국왕권에 기반이 되었지만, 제약이 되는 측면도 있었다. 우선 고려국왕이 갖게 된 부마라는 위상은 몽골황제의 권위에 근접한 것이라는 점에서 힘을 가졌지만, 역으로 황제권을 적극적으로 인정하는 가운데 가능한 것이었다. 따라서 고려국왕이 국왕위 계승과 국왕권 행사를 위해 몽골황실·황제와의 관계에 상당 부분 의존하게 된 상황은 그 자체로 고려국왕권의 국가 최고권으로서의 위상을 손상시켰다.

또 다른 문제는 권력을 수반하는 몽골황실과의 통혼관계가 고려왕실, 구체적으로는 고려국왕만이 독점할 수 있는 관계는 아니었다는 사실로부터 비롯되었다. 물론 초기에는 고려에서는 고려국왕만이 몽골 공주와 통혼했다. 그러나 양국 관계가 지속됨에 따라 현재의 국왕 외에도 왕실 안팎의 구성원들이 몽골 공주와 통혼하는 사례가 발생했다. 충렬왕과 충선왕의 사례처럼 충렬왕이 왕위에 있는 가운데 세자가 황실의 부마가 되는 경우도 있었고, 심왕瀋王 왕고王暠와 같이 고려국왕위에 오르지 않은 방계의 종실 구성원이 몽골 공주와 통혼한 사례도 있었다. 이러한 사례들이 모두 왕위 계승 분쟁의 빌미가 되었음은 뒤에서 살펴볼 것이다. 한편, 후기로 가면 왕실 밖 고려인 가운데에서도 몽골황실 구성원과 통혼한 사례가 등장한다. 무려 황제와 결혼한 기황후의 사례가 대표적이다.

고려국왕권이 몽골황실과의 관계에만 기반한 것은 아니었고, 따라서 고려국왕위나 국왕권이 황실과의 통혼관계에만 좌우된 것은 아니다. 그러나 그것이 고려국왕권의 일부일 뿐이라 하더라도, 큰 비중을 차지하는 일부분이기는 하지만, 통혼을 통한 황실과의 관계에 수반되는 권위와 권력을 고려국왕이 독점할 수 없는 상황은 고려 내의 권위와 권력 또한 분산시킴으로써 고려의 정국에 영향을 미쳤다. 특히 기황후의 사례는 세대를 거듭한 가문 간 통혼 사례는 아니었지만, 그가 차기 황제위를 계승할 황태자를 출산했다는 점에서 그 사례가 고려국왕권에 대해 갖는 의미는 주목할 만한 것이었다.

2) 고려 왕자들, 몽골에 가다

몽골의 투르칵 요구와 케식 참여

왕의 족자族子, 조카 영녕공永寧公 왕준王綧을 왕의 아들이라고 칭하면서 의관자제衣冠子弟 18인을 이끌고 몽골에 들어가 독로화禿魯花가 되게 하였다. 추밀원사樞密院使 최린崔璘과 장군 김보정金寶鼎, 좌사간左司諫 김겸金謙이 동행했다. 독로화는 중국말로 질자質子이다.

『고려사』권23, 고종 28년(1241) 4월

1241년(고종 28, 몽골 태종 오고타이 13), 몽골과 전쟁 중이던 고려에서는 왕실 방계 구성원인 영녕공 왕준을 몽골에 보내어 독로화가 되게 했다. 애초 몽골에서는 왕자, 즉 왕의 아들을 독로화로 보내게 했지만 전쟁 중 몽골에 대해서도 독로화에 대해서도 부정적 인식이 강했던 고려는 방계 구성원인 왕준을 '왕의 아들'이라 속여서 보냈다. 어찌 보면 고려왕실로부터 '버려진' 셈이었던 왕준은 몽골로 가서 오히려 황제의 신임을 얻었고, 고려의 유민들이 다수 거주했던 요양과 심양 지역에 자리를 잡으며 그들에 대한 관리 감독 책임을 부여받았다. 이후 그가 '왕자'가 아니라는 사실이 밝혀지고 난 후에도 고려 조정은 질책을 받았으나 왕준은 황제의 신임을 유지했다.

위에 보다시피 고려에서는 독로화를 질자, 즉 인질이라고 이해했고 전쟁 중에 요구된 독로화는 인질이라는 기능을 갖지만 독로화는 위사衛士를 의미하는 몽골어 투르칵turγaγ의 발음을 한자로 표기한 것이다. 즉, 애초에 '인질'을 의미하는 단어는 아닌 것이다. 그리고 투르칵은 몽골황실의 친위부대인 케식의 원형을 이루는 것이다.

왕준 이후로도 고려의 왕자, 종실 구성원 등은 꾸준히 몽골에 투르칵으로 보내졌고, 이들은 몽골에서 케식에 참여하게 된다. 케식은 숙위宿衛라고 표현되기도 하는데, 이는 몽골의 황제·황후·종왕·공주 등의 친위부대로, 순번을 나누어 황제 등의 신변을 호위하며 중요한 정책 결정의 과정에 참여했다. 여기에는 앞서도 등장했던 비체치, 코르치, 바우르치 등의 직종이 있어 자신이 호위해야 할 황실 구성원을 위해 문서 업무, 활통을 잡고 시종侍從하는 일, 차 시중 등의 업무를 담당했다. 이러한 업무를 통해 황실 구성원과 일거수 일투족을 함께 했다는 점, 그리고 무엇보다 케식의 구성원이 몽골 지배층의 자제이자 황제가 신임하는 자들이었다는 점은 몽골에서 케식이 갖는 위상을 이해하는 데에 중요한 부분이다. 케식은 몽골의 관료조직을 구성하는 중요한 인력 풀이기도 했다.

케식 참여는 세대를 거듭해서 이루어지는 것으로, 케식에 참여한 지배층의 자제가 그 아버지의 지위를 계승하게 되면 다시 그의 자제 가운데 한 명을 케식으로 보내도록 했다. 케식 참여를 통해 몽골황실 구성원과 형성된 관계는 특별한 사유가 없는 이상 세대를 거듭해 지속되었다. 즉, 케식은 몽골이 다른 정치단위와 관계를 형성하고 유지하는 기제 가운데 하나였다.

몽골에서 다른 정치단위의 지배층 자제를, 예컨대 고려의 왕자와 양반가 자제를 케식에 참여시키는 것은 이들을 '인질'로 활용한다는 측면이 있기는 하지만, 동시에 이를 통해 참여자들을 몽골제국의 지배층으로 재교육하고 흡수하는 의미도 있었다. 케식에 참여하는 사람들, 고려의 왕자나 양반가 자제의 입장에서도 초기 단계에서는 인질이라는 기능으로 인해 투르칵과 케식에 대해 부정적 인식이 강했지만 몽골과의 관계가 진전됨에 따라 점차 케식 참여가 제공하는 여러 정치적 플러스 요인을 보다 적극적으로 인식하게 되었다. 몽골과의 관계가 유지되는 한에서는 케식 참여를 통해 황실 구성원 및 다른 몽골 지배층 자제들과 맺은 관계는 그 참여자들에게 매우 중요한 정치적 기반이 되었기 때문이다.

앞서 언급했듯이 왕준 이후 고려의 왕자, 종실 구성원 등은 세대를 거듭해 케식에 참여했다. 대체로는 고려국왕의 아들이, 국왕에게 아직 아들이 없거나 어린 경우에는 왕의 형제 중 한 명이 케식으로 들어갔다. 우선 충렬왕 이후, 어린 나이에 즉위한 충목왕과 충정왕을 제외한 고려국왕들은 모두 즉위 전에 케식 생활을 했다. 충목왕은 즉위 시 원 조정에 있었지만, 어린 나이였기에 그가 즉위 전 케식 생활을 했을 것으로 생각되지는 않는다. 공민왕은 형인 충혜왕이 즉위한 후 아직 충혜왕에게 아들이 없는 상황에서 왕의 동생으로서 케식에 참여했다. 한편, 충선왕 재위 시에 그의 아들 두 명, 즉 세자 왕감王鑑과 둘째 왕자 왕도王燾를 함께 케식에 들어가게 했던 것을 보면 반드시 왕의 아들 '한 명'만이 케식에 참여했던 것은 아닌 듯하다.

한편, 고려국왕 이외에 왕실 방계 구성원 가운데에도 케식에 참여한 사례가 있다. 1275년(충렬왕 원년), 대방공帶方公 왕징王澂은 고관의 자제 10명을 데리고 투르칵으로 가서 케식에 참여했다. 케식으로 있던 세자 왕심이 즉위를 위해 귀국하게 되면서 그를 대체한 것으로 보인다. 당시 충렬왕에게는 세자 시절 결혼한 정화궁주와의 사이에서 낳은 아들, 강양공 왕자王滋가 있었다. 그럼에도 아들인 왕자를 케식으로 보내지 않고 왕위 계승과는 거리가 있는 방계 종실 가운데에서 케식을 충원했던 것은 왕의 아들이 케식에 참여한다는 것이 왕위의 계승과 연결될 수 있다는 의미를 가졌기 때문이었을 것이다. 즉위하기 직전 충렬왕은 쿠틀룩케르미쉬 공주와 결혼했으므로, 그와의 사이에서 태어날 아들을 염두에 둔 조처였던 것으로 보인다. 어찌 되었든 케식의 지위는 계승되는 것이었으므로, 일단 왕징이 케식에 참여한 후 그의 케식 지위는 그 아들들에게로 승계되었다.

이외에 앞서 잠깐 등장했던 심왕瀋王 왕고王暠 및 그의 후손들도 케식에 참여했다. 왕고는 위에 나온 정화궁주 소생 강양공 왕자의 아들이다. 다만 왕고가 케식에 참여한 것은 아버지 때문은 아니었고, 삼촌 충선왕으로부터 심왕瀋王이라는 원의 제왕위를 물려받았기 때문이었다. 심왕 왕고에 대한 이야기는 뒤에서 다시 보게 될 것이다.

몽골황실의 케식에 들어간다는 것은?

케식 참여가 고려국왕위에 오르기 위해 반드시 거쳐야 할 과정이 아니었다고 하더라도, 고려국왕이 되고자 하는 자에게 케식 참여는 여러모로 필요한 과정이었다. 몽골황실의 케식에 참여하는 것은 몽골제국의 핵심 지배층과 인맥을 쌓을 기회를 제공했다. 따라서 몽골과의 관계가 안정되고 그 권위가 고려 정치에서 작용하는 범위가 확대되는 상황에서 케식에 참여하는 것은 국왕이 된 후 정치를 행하는 과정에서 큰 기반이 되었다. 특히 고려국왕위와 관련한 분쟁이 지속적으로 발생하는 상황에서 케식을 통해 형성한 황제 및 황실과의 관계는 매우 중요한 역할을 했다. 뒤에서 보게 될 충선왕의 사례는 이러한 점을 잘 보여준다.

이러한 가운데, 소군小君 즉 어머니의 신분이 미천해서 왕위 계승에서 배제되었던 종실 구성원이 스스로 케식에 참여하기 위해 청탁을 한 사례도 있었다. 그가 반드시 국왕위 계승을 목적으로 한 것은 아닐지라도 말이다.

과거 충렬왕이 태손이 되었을 때 김준金俊이 최의崔竩의 여종 반주를 바쳤는데, [반주가] 총애를 받아 왕서王湑를 낳았다. 공주도 그를 아껴 궁중에 출입하게 하고 왕소군이라 불렀다. 중랑장中郎將에 임명되었는데 왕을 이어 숙위하고자 하여 강수형康守衡에게 뇌물을 주고 청탁했다. 강수형이 승상 안톤安童의 말이라며 와서 고하기를, "왕서에게 투르칵을 인솔하고 오게 하라"라고 했다. 충렬왕 2년(1276)에 왕이 왕서가 교만방자하다고 여겨 머리를 깎아 승려가 되게 했다.

『고려사』 권91, 열전4, 종실 충렬왕 소군 왕서

고려국왕이 즉위 전 몽골황실의 케식에 참여했던 상황은 몽골황실 및 지배층과의 관계를 긴밀하게 하는 통로가 된다는 측면에서 그 왕권에 기반이 되기도 했지만, 동시에 부담으로 작용하는 측면도 있었다.

우선 한 가지는 세자의 정치적 기반 형성 문제이다. 몽골과의 관계 이전 고려에서는 '태자'가 책봉되면 태자부太子府가 구성되었고, 여기에는 소속 관원들이 배치되어 태자의 교육과 시위侍衛, 모시어 호위하는 일를 담당했다. 이는 말 그대로 태자의 교육과 시위를 위한 것이기도 했지만 동시에 태자가 국왕이 되었을 때 그를 보좌할 수 있는 인적 기반을 형성하는 기능을 하기도 했다.

그런데 몽골과의 관계 이후 고려의 '세자'들은 고려 내에서 '세자부'를 구성해 그 기반을 형성하기보다는 몽골황실의 케식으로서 몽골에서 기반을 형성하게 되었다. 그 결과 그들이 국왕이 되었을 때 오히려 국내에서는 믿고 일을 맡길 수 있는 신료층이 형성되어 있지 않은 상황이 발생하기도 했다. 이에 국왕들은 케식 생활을 하는 동안 자신을 수행했던 신료들을 '수종공신'으로 책봉하고 주요 관직에 임명해 측근으로 삼기도 했다.

고려의 세자들이 케식 생활을 하는 것은 '현재' 국왕에게도 부담이 될 수 있었다. 몽골과의 관계 이전 고려의 태자들은 현 국왕이 책봉한 것이며, 그 태자부에 소속된 신료들 또한 현 국왕이 구성해서 임명한 것이었다. 즉 태자의 지위 및 그 인적 기반은 현 국왕의 권한 안에 포함되어 있었다. 그러나 몽골과의 관계 이후, 고려의 세자들은 몽골황실의 케식이 되어 그곳에서 인적 기반을 형성했다. 세자의 케식으로서의 지위와 인적 기반은 현 국왕의 통제 범위 밖에 있게 되었고, 이러한 상황은 이 시기 고려국왕위를 둘러싸고 지속적으로 분쟁이 발생하게 되는 한 가지 배경이 된다.

고려국왕의 즉위 전 케식 참여가 고려국왕권에 부담으로 작용한 또 다른 한 가지는 케식 제도를 통해 고려국왕의 통제 범위를 벗어난 고려 관료가 등장할 수 있었다는 사실이다. 몽골에서는 고려국왕의 자제를 투르칵으로 보낼 것을 요구하면서 고려 양반가의 자제를 보낼 것도 함께 요구했다. 이에 케식에 참여한 고려 왕자나 종실을 따라 몽골에 갔던 신료들 가운데에는 그 스스로 몽골황실의 케식에 참여한 사례도 다수 있었다. 그리고 이러한 고려인의 케식 참여는 해당 신료 당대에 끝나지 않고 그 자제를 통해 대를 이어 계승되었다.

고려 신료들이 최초로 케식에 참여하게 된 것은 물론 고려국왕을 통해서였을 것이지만, 이 지위가 세대를 거듭해 전해지는 과정은 국왕을 거치지 않았다. 즉, 몽골과의 관계 속에서 국왕이 자신의 핵심적인 정치적 인간관계를 형성하는 중요한 통로의 하나로 기능했던 케식 제도가 한편으로는 고려의 신료들이 국왕의 통제에서 벗어나 황제권과 직접 연결되는 것을 항상적, 구조적으로 가능하게 하고 있었던 것이다.

요컨대, 고려국왕이 몽골의 케식에 참여하는 것은 이를 통해 황실 구성원 및 몽골 지배층과 매우 특별하고 긴밀한 관계를 맺을 수 있고 그러한 관계를 통해 권력을 부여받았다는 점에서 고려국왕권의 매우 중요한 기반이 되었지만, 동시에 그러한 관계를 '고려국왕' 1인이 독점할 수 없었다는 사실은 그의 왕위와 왕권에 제약으로 작용했다. 황실과의 통혼과 마찬가지로 말이다.

3. 몽골이 일본으로 향하는 길에
– 정동행성과 고려

몽골의 일본 원정 계획과 정동행성 설치

"지난번에 사신을 파견해 일본을 회유하려고 경卿에게 길 안내를 위임했더니, 경이 이리저리 핑계를 대고 마침내 헛되이 돌아오리라고는 생각하지 못했다. 생각해보니 일본은 이미 우호 관계를 맺고 있어 고려의 허실을 속속들이 알고 있기 때문에 다른 말로 핑계 댔을 것이다. 그러나 귀국 사람이면서 우리나라 수도에 와있는 사람들이 적지 않으니 경의 계책도 엉성하다. 또 천명은 변하는 것이고 사람의 도리는 성실한 것을 귀하게 여기는데도, 경은 앞뒤로 식언한 일이 많으니 마땅히 반성해야 할 것이다. 지금 일본에 관련된 일은 모두 경에게 맡긴 것이므로, 경은 나의 이러한 뜻을 헤아려 일본을 타일러서 반드시 중요한 결과를 얻어내도록 기약하라. 경이 일찍이 말하길, '성은이 하늘같이 크니 은혜를 갚기를 맹세합니다'라고 했는데, 이 일이야말로 은혜를 갚는 것이 아니고 무엇이겠는가?"

『고려사』 권26, 원종 8년(1267) 8월 병진

고려 원종 대, 몽골은 몇 차례 고려를 통해 일본에 사신을 보내어 그와 관계 맺기를 시도했으나 성과를 거두지 못했다. 여기에는 고려 측이 태풍 등 기상 상황을 들어 비협조적이었던 것도 일조했으니, 위 인용문은 두 번째 사행단이 일본에 이르지 못하고 돌아온 후 세조 쿠빌라이가 이를 질책하고 다음 사행단 인솔을 독촉하는 내용이다. 질책의 효과인지, 이후 세 번째 사행단은 무사히 일본에 도착했다. 그러나 일본 측으로부터 별다른 반응이 없는 가운데 몽골은 일본을 정벌하는 쪽으로 방침을 변경했다.

1271년 3월, 몽골에서는 고려에 군대를 보내어 일본 원정을 위한 둔전군屯田軍을 설치하고자 했다. 둔전군이란 평시에는 군량을 충당하기 위한 토지인 둔전을 경작하고 전쟁이 발생하면 전쟁에 참여하는 군대이다. 이에 고려에는 흔도忻都를 도원수都元帥, 홍차구洪茶丘를 우부원수, 유복형劉復亨을 좌부원수로 하는 동정도원수부東征都元帥府가 설치되었고, 당시 몽골에 있던 고려 세자 왕심(뒤의 충렬왕) 또한 일본 정벌전 수행을 돕겠다는 명목으로 귀국했다.

마침 삼별초 난이 발생했으므로, 이들은 일단 이를 진압하는 데에 참여했다가 1273년 4월 삼별초 난이 진압된 후 본격적으로 일본 원정을 준비해 1274년 제1차 일본 원정이 단행되었다. 이때 고려 측에서는 김방경金方慶을 도독사都督使로 삼아 8천여 명의 군사와 초공·수수 및 전함을 동원해 원정에 참여했다. 그러나 1차 원정은 몽골에 큰 손실을 안기고 실패했다.

1차 원정이 실패한 후 곧바로 2차 원정을 위한 준비가 시작되었고, 이 과정에서 고려에는 2차 원정 준비를 위한 기구로 정동행중서성征東行中書省, 즉 정동행성이 설치되었다. 그리고 앞서 1차 원정 당시 동정도원수부에서 활약했던 흔도와 홍차구가 정동행성의 우승右丞으로 임명되어 왔다. 1280년의 일이었다.

충렬왕, 정동행성의 승상이 되다

2차 일본 원정을 위해 정동행성이 설치되고 그 우승으로 흔도와 홍차구가 임명되었다는 소식이 전해지자, 충렬왕은 직접 원 조정으로 가서 세조 쿠빌라이에게 자신이 정동행성의 일을 관장하도록 해줄 것을 요청해 허락받았다. 얼마 후 쿠빌라이는 충렬왕을 개부의동삼사 중서좌승상 행중서성사開府儀同三司 中書左丞相 行中書省事에 책봉하고 그 인장을 하사했다. 고려국왕이 원의 관부인 정동행성의 장관이 된 것이다.

충렬왕은 이미 1차 원정 당시에도 동정도원수부와 관련 없이 고려의 국왕이자 몽골황실의 부마로서 일본 원정 준비 및 실행에 참여했는데, 왜 이번에는 굳이 정동행성의 관직을 요청했던 것일까? 1차 원정이 마무리된 후 원 조정에 들어간 충렬왕이 쿠빌라이에게 한 다음의 말을 살펴보자.

"일본은 일개 섬 오랑캐일 뿐인데 지세가 험한 것을 믿고 입조入朝하지 않고 감히 천자의 군대에 항거하고 있습니다. 신臣이 생각하건대 성덕聖德에 보답할 길이 없으니 원하건대 다시 배를 건조하고 양곡을 비축한 다음, [일본의] 죄상을 성토하고 토벌에 나선다면 반드시 성공할 것입니다."

"폐하께서 공주를 저에게 시집보내시어 성은으로 돌보아주시니 우리나라 백성들은 이제 의지하여 살게 되었다는 희망을 가지게 되었습니다. 그러나 홍차구洪茶丘가 있어서 신이 나랏일을 하는 데 어려움이 있습니다. 홍차구 같은 자는 다만 군사에 관한 일만 처리함이 마땅한데도 나라의 일까지 제멋대로 처리하려고 합니다. 다루가치를 남쪽 지방에 둔 것 또한 저는 알지 못했습니다. 상국上國에서 반드시 우리나라에 군대를 주둔시키려고 하시면 차라리 달단韃靼이든 한족 군대漢兒軍이든 병력의 많고 적음을 논하지 말고 보내주시고, 홍차구 군대와 같은 것은 소환하여 주시기를 바랍니다."

『고려사』 권28, 충렬왕 4년(1278) 7월 갑신

위 인용문은 1277년 고려 장수 김방경이 반역을 도모한다는 무고사건이 발생하자, 이를 변론하기 위해 원 조정에 들어갔던 충렬왕이 그 문제를 포함해 여러 불편한 사항들을 황제에게 직접 건의하고 해결을 요청하는 가운데 했던 말이다. 여기에서 눈길을 끄는 것은 충렬왕이 이때 이미 일본 원정의 임무를 자임하면서 차라리 '달단군', 즉 몽골군이나 한인으로 구성된 군대를 주둔시킬지언정 홍차구의 군대는 소환할 것을 요청했다는 점이다. 그리고 그 이유는 홍차구가 군사軍事와 관련한 일만 처리하지 않고 나라의 일國家之事에까지 개입함으로써 본인이 국사를 처리하는 데에 어려움이 있다는 것이었다. 이후 1280년 정동행성 설치 소식이 전해지고 충렬왕이 직접 정동행성을 관장하게 해줄 것을 요청하는 과정에서도, 그는 "홍차구의 직임을 (우승에서) 더 높이지 말고 성공하기를 기다려 상을 줄 것"을 요청하며 홍차구를 의식하는 모습을 보인다. 홍차구는 도대체 어떤 사람이기에 저렇게까지 충렬왕을 '불편하게' 한 것일까?

홍차구는 서경 지역 출신으로 몽골과의 전쟁 중에 투항해간 홍복원洪福源의 아들이다. 홍복원과 그 아들들에 대한 기록은 『고려사』 반역전에 실려있는데, 이는 일단 홍복원이 전쟁 중 투항해 갔다는 사실 때문이겠지만, 이 집안이 특히 '부원배'로서 손꼽히게 된 데에는 그 아들 홍차구 등의 정치 행위가 주효하다. 그 가운데에는 위에서 충렬왕이 언급한 것과 같은 행위들이 포함된다.

이들이 부원 행위를 한 배경으로는 홍복원 대의 고려왕실에 대한 원한이 주로 이야기된다. 즉, 홍복원은 투항 후 요양과 심양 지역에 자리 잡고 그 지역의 고려 유민들에 대한 관리 권한을 위임받았는데, 고려에서 투르칵으로 갔던 영녕공 왕준 역시 이 지역의 고려 유민들에 대한 권한을 위임받게 되면서 양자 사이에 갈등이 발생했고, 이 과정에서 홍복원이 다소 억울하게 죽임을 당하게 되면서 그 아들 등이 직접적으로는 왕준, 나아가 고려왕실에 원한을 갖게 되었다는 것이다.

홍차구가 정동도원수부의 관직을 맡아 오면서 충렬왕에게 무례하게 행동했던 사례나 이외 여러 일 처리들은 물론 그의 사적인 감정이 반영된 것일 수 있다. 그러나 그가 행한 '일'은 사실상 '군사軍事'의 일환으로 행해진 것이었고, 1차 원정이 마무리된 후 김방경 무고사건의 과정에 개입했던 것 또한 과도한 측면이 있었으나 기본적으로는 몽골과 관련된 군사를 처리한 것이었다고 할 수 있다. 그 사건은 고려의 장군으로서 일본 원정 업무를 맡았던 김방경과 그 휘하 무관들의 관계에서 발생한 사건이었으며, 그 무고의 내용이 몽골에 대한 반란이었기 때문이다. 즉, 홍차구는 '고려 출신'이기는 하지만 고려의 관직을 갖고 있지 않았기에 굳이 고려국왕에게 신하로서의 예를 표하지는 않았으며, 몽골의 관직을 가진 인물로서 그가 맡은 임무에 충실했다고 볼 수도 있는 것이다.

〈몽고습래회사(蒙古襲來繪詞)〉 일본 가마쿠라 막부 시기의 그림으로, 고려-원 연합군의 일본 원정 당시 전투 상황을 그린 것이다. 두 권의 두루마리로 구성되어 있다. (일본 궁내청 소장)

이러한 사실은 충렬왕을 매우 불편하게 했던 것으로 보인다. '고려 출신'인 홍차구가 몽골의 관직을 갖고 고려에 들어와서 고려국왕인 자신을 무시하는 태도를 보이며 고려와도 관련되는 업무를 자신과 논의 없이 처리하는 것 자체가 충렬왕의 왕권, 왕의 위신에 누가 되는 것이었다. 그러나 충렬왕은 고려국왕이고 또한 황실의 부마였음에도 홍차구에게 그러한 행위를 가능하게 한 일본 원정이라는 구체적인 업무의 면에서 충렬왕과 홍차구 간에 명확한 위계 관계가 설정되어 있지 않았고, 그의 행위를 문제 삼기는 쉽지 않았다.

충렬왕이 2차 원정 준비를 위한 정동행성이 설치되자마자 원으로 가서 본인이 그 업무를 관장하게 해줄 것, 구체적으로는 그 장관직을 맡게 해줄 것을 요청한 데에는 위와 같은 상황이 중요한 배경이 되었다. 즉, 충렬왕은 홍차구 등과의 관계에서 보다 분명한 위계질서를 구축하고자 했고, 그 방안으로서 홍차구가 포함되어 있었던 정동행성의 장관직을 자임하게 되었던 것이다. 그리고 이러한 충렬왕의 의도는 소기의 성과를 거두어 이후 충렬왕과 흔도, 홍차구 등이 함께 회의하는 자리에서 충렬왕은 가장 높은 자리를 차지할 수 있었다. 그러한 정동행성이 주관한 2차 일본 원정은 실패로 돌아갔지만 말이다.

일본 원정 계획 철회, 정동행성은?

충렬왕이 정동행성의 장관직을 자임하며 준비한 2차 일본 원정은 실패했다. 이후에도 몇 차례 일본 원정을 위한 준비는 진행되었지만 실행되지는 않았고, 1294년 세조 쿠빌라이가 사망한 후 일본 원정 계획은 철회되었다. 그러나 일본 원정을 위해 고려에 설치되었던 정동행성은 몇 차례 설치와 폐지를 거치면서도 계속 유지되었고, 충렬왕 이후의 고려국왕들도 계속해서 그 승상직을 담당했다.

행성은 행중서성의 줄임말로 중앙에 있는 중서성과 동격의 관부를 지방에 설치해서 업무를 담당하게 한 것이다. 원대 초기에는 정벌전을 시행하는 과정에서 정벌 준비 등 군사적인 업무를 주로 담당하기 위해 설치되었다가 정벌이 종료된 후에는 지방의 행정업무를 관할하는 지방행정기구로 유지되었다. 카안 울루스 영역을 구성한 총 11개 행성 가운데 하나로 정동행성이 있었다.

다만, 고려에 설치되었던 정동행성은 다른 행성들과는 차이가 있었다. 대표적으로 정동행성은 고려국왕이 그 장관직을 세습했고 행성관을 추천할 수 있는 권한을 갖고 있었다. 다른 행성들에도 승상을 임명했지만 항상 일괄적으로 두었던 것은 아니었으며, 행성의 장관은 세습직이 아니었을뿐더러 행성관에 대한 추천 권한을 갖고 있지도 않았다. 또한 행성이 지방행정기구로 기능하기 위해서는 일정한 관원 구성 및 소속 관부가 필요한데, 정동행성은

승상 이외에 평장정사, 참지정사 등 고위 관직은 비어있었고, 소속 관부도 일부만 설치되어 있었다. 이러한 점은 고려에는 이미 그 승상인 고려국왕을 정점으로 구성된 관료기구가 존재했기 때문에 발생한 차별성이었다고 생각된다.

그렇다면 몽골에서는 다른 행성들에 비해 '특수한' 혹은 '부족한' 형태의 정동행성을 왜 굳이 일본 원정이 종료된 후에도 유지시켰을까? 대부분 몽골이 고려의 정치에 간섭하기 위해 일본 원정 종료 후에도 정동행성을 남겨두었다고 알고 있을 것이다. 교과서에 그렇게 서술되어 있으니 말이다.

실제 충렬왕과 충선왕 사이의 왕위 번복 사태로 인해 정치적으로 혼란스러웠던 1299년에는 그간 비어있었던 정동행성의 평장정사직에 활리길사闊里吉思라는 인물이 임명되어 고려의 정치에 간여한 일이 있었다. 그는 여러 제도의 개정을 시도하는 가운데 고려의 노비법을 변경하려 했는데, 이것이 고려국왕과 지배층의 강력한 반발에 부딪히며 얼마 지나지 않아 몽골로 귀국했다. 이는 분명 정동행성이라는 기구를 통해서 몽골이 고려의 내정 문제에 간여한 사례라 할 수 있다. 그러나 당시 활리길사가 정동행성 평장정사로 파견된 것은 왕위에서 물러났던 충렬왕이 다시 왕위에 오르게 되면서 고려의 신료들에 대한 통솔력을 상실해 정국이 불안정한 가운데, 사태 수습을 위한 방안을 모색하던 중 도출된 결과로서의 조처였다. 따라서 이 사례를 가지고 애초에 몽골이 고려 내정 간섭을 위해 정동행성을 유지시킨 것이라고 이야기하기는 어렵다. 더욱이 이후로는 정동행성을 통해 몽골이 고려 내정에 개입한 사례는 확인되지 않는다.

일본 원정 계획이 사실상 철회되고 난 후인 1302년 경, 요양행성에서는 정동행성과 요양행성을 통합해 하나의 행성으로 삼고 그 중심지를 요양행성 경내의 동경東京 지역에 두어 제국의 동방 변경을 지키는 일을 담당하도록 하자는 제안을 한 바 있다. 요양행성에는 앞에 등장했던 홍차구의 동생인 홍중희가 우승으로 있었기 때문에 이 제안 역시 홍씨일가의 고려에 대한 원한 차원에서 이해하기도 한다. 그러나 이는 '우승'에 불과했던 홍중희 개인의 의사를 반영한 제안이라기보다는, 일본 원정 계획이 철회되면서 사실상 적극적인 의미가 없어진 채 '애매하게' 유지되고 있던 정동행성의 상태를 정리하고자 한 제안이었다고 생각된다. 그리고 이는 몽골제국 전체의 구도에서 볼 때 타당한 제안이었다.

이 제안에 대해, 당시 고려국왕이었던 충렬왕은 일본에 대한 방어가 여전히 긴요하며 이를 위해서는 새로운 행성의 중심지가 될 동경은 거리상 너무 멀어서 효율적이지 않다는 의견을 제출하며 반대했다. 즉, 정동행성을 현재의 상타 그대로 유지시켜 줄 것을 주장한 것이다. 충렬왕이 이러한 요청을 한 이유를 정확히 알 수는 없지만, 이는 당시 고려국왕권의 상태와 관련되는 요청이었다고 생각된다. 크게 두 가지로 나누어 살펴보도록 하자.

우선, '정동행성'이 없어진다고 하더라도 새롭게 설치되는 '동경행성(가칭)'이 동방 변경 진수의 업무를 담당하게 된다면 고려 측에서도 전前 정동행성으로서 그 업무에 간여하게 될 것이다. 전 요양행성과 함께 함으로써 정동행성에서 그러했던 것처럼 고려국왕이 그 관리를 오로지 할 수는 없게 될 것이지만 말이다. 따라서 충렬왕은 그럴 경우 정동행성이 처음 설치되던 당시와 마찬가지로 행성관들이 군사軍事를 행하는 가운데 고려 국사國事가 영향을 받을 가능성이 없지 않다는 점을 고려했을 수 있다. 이에 충렬왕은 애초 스스로 정동행성승상을 맡고자 했던 것과 동일한 이유로 정동행성과 요양행성의 통합에 반대했을 수 있다.

한편, 충렬왕은 처음 정동행성 장관직을 요청하면서, 고려의 군관들에 대해서도 몽골의 군관직을 내려줄 것을 요청했다. 여기에는 당시로서는 자신의 신료들인 고려 군관들에 대해서도 황제의 권위를 내려주어 사기를 북돋우는 한편 그러한 권위를 요청한 고려국왕 자신의 권위를 높이고자 한 의도가 있었다. 그런데 당시 이들이 받은 만호, 천호 등의 군관직은 특별한 사정이 발생하지 않는 이상 세습이 되는 관직이었다. 또한 고려에는 그러한 몽골 군관직을 가진 고려군관들뿐 아니라 몽골의 군사조직인 만호부가 설치되어 있었다. 이러한 만호부와 만호, 천호 등 군관은 형식상으로는 정동행성 도진무사都鎭撫司에서 관할하는 것이었다.

고려국왕은 고려국왕으로서 고려 군관들과 고려 영역을 총괄

했지만, 그 안에는 그가 형식상이라고 하더라도 정동행성의 장관으로서 총괄하는 몽골 군관과 몽골 만호부가 포함되어 있었다. 이러한 상황에서 고려 독자의 정동행성이 없어지고 요양행성과 합해진 '동경행성(가칭)'이 설치되어 고려국왕이 그 승상으로서 행성의 일을 오로지 할 수 없게 된다면, 고려 출신이면서 몽골 관직을 가진 군관들, 고려 땅에 설치된 만호부 등에 대한 관할권 또한 '고려국왕'이 오로지 할 수 없게 되는 상황이 발생할 수 있었다.

이러한 상황들은 달리 말하면, 당시의 시점에서 고려라는 국가는 몽골 행성체제의 영향을 어떤 식으로든 받지 않을 수 없는 상황이었고, 또 그러한 인식이 있었음을 보여준다. 이는 당시 정동행성승상으로서의 위상이 이미 고려국왕 위상의 일부를 구성하고 있었음을 보여주는 것이기도 하다. 이러한 가운데 충렬왕은 일본 원정 계획이 철회된 상황에서도 그 방비의 중요성을 들어 정동행성의 현 상태 유지를 요청했던 것이고, 이 주장은 받아들여져서 이후로도 정동행성은 다소 '애매한' 형태로 유지되었으며 고려국왕들은 이후로도 그 승상직을 겸하게 되었다.

정동행성이 고려에 미친 영향

몽골이 고려 내정 간섭 창구로 삼기 위해 정동행성을 유지시킨 것은 아니었지만, 결과적으로 정동행성이 유지된 것은 고려의 정치에 영향을 미쳤다. 이는 크게 두 가지로 이야기할 수 있다. 한 가지는 그 애매한 상태로 인해 발생했던 수차례의 입성론立省論, 즉 정동행성을 원의 다른 행성들과 동일한 형태로 운영하자는 논의로 인한 정치적 분쟁이다. 이는 고려국왕위 계승분쟁과 관련해서 주로 고려 신료들이 주장했던 논의로, 이 시기 권력구조와 복수의 위상을 겸하고 있던 고려국왕 위상의 복합적 면모를 잘 보여준다. 이와 관련된 이야기는 뒤에서 살펴보게 될 것이다.

다른 한 가지는 고려에 정동행성이 설치되고 국왕이 그 승상직을 겸했던 사실로부터 고려의 제도에 나타난 변화이다. 이는 중국의 관료제적 질서가 일부 고려에 적용되는 변화라고 할 수 있는데, 대표적으로 양국 사이에 오고 가는 문서 양식의 변화를 들 수 있다.

고려에 정동행성이 설치된 이후 원 중서성에서는 충렬왕에게 문서를 보낼 때 자식咨式 문서를 보내기 시작했다. 자식 문서는 중국에서 2품 이상의 동격 관부와 관인 사이에서 사용되던 관문서식이다. 이전 시기 중국의 관부에서, 예컨대 원 중서성에서 고려국왕에게 문서를 보낼 때에는 주로 첩식牒式 문서를 사용했다. 이는 서로 통속 관계가 없는 관부와 관인 사이에 사용되기도 했고, 외교문서로 사용되기도 했던 문서식이다. 고려에 정동행성이 설치된 후에도 원 중서성에서 고려국왕에게 문서를 보낼 때 자식 문서만을 사용했던 것은 아니어서 이전과 같이 첩식 문서를 사용하기도 했다. 그러나 전례 없이 자식 문서가 오가게 되었던 데에는 고려국왕이 정동행성승상직을 겸하고 있었던 상황이 주효하게 작용했던 것으로 이해되고 있다. 이러한 양상은 다른 분야에서도 나타나며, 조선시대에 더욱 정비되는 양상을 보인다.

제2장

관계의 작용
– 고려국왕위를 둘러싼 논쟁

정동행성승상, 부마, 고려국왕. 몽골과의 관계를 통해 고려국왕이 겸하게 된 위상들은 각기 별개의 관계를 표상하지만, 현실에서는 고려국왕 한 명에게 공존하면서 상호작용하여 총체적인 고려국왕의 위상을 '정동행성승상 부마 고려국왕'으로 변화시켰다. 이러한 변화는 고려-몽골 관계에 내포된 이질적 요소들이 상호작용한 결과이기도 하다. 고려-몽골 관계가 전개되는 과정 속에서 고려국왕과 신료들은 그 관계의 이질적 요소와 그에 기반한 이 시기 권력구조의 특징, 즉 고려국왕의 위상 변화를 단계적으로 인지하고 활용하게 된다. 이 시기 발생했던 고려국왕위를 둘러싼 논쟁 및 분쟁 양상은 이러한 과정을 잘 보여준다.

1 '정동행성승상 부마 고려국왕'으로서의 고려국왕

1292년 정인경(鄭仁卿) 공신교서(功臣敎書) 충렬왕이 1269년(원종 10) 당시 세자로서 원으로 갈 때 자신을 수종했던 신료들 가운데 한 명인 정인경의 공로를 치하하며 발급한 문서이다. 여기에서 충렬왕은 자신의 지위를 '정동행중서성우승상 부마 고려국왕'(붉은색 표시)이라 지칭하고 있음이 주목된다. (한국학중앙연구원 장서각 소장)

몽골과의 관계를 통해 고려국왕은 '정동행성승상 부마 고려국왕'이라는 위상을 갖게 되었다. 이 시기 고려국왕들은 국내에서 사용하는 공식문서 등에서 스스로를 '정동행성승상 부마 고려국왕'이라고 칭했다. 이러한 위상들이 명목상의 것이 아니라 각기 실체를 가진 것이었음은 앞서 살펴본 바와 같다. 그리고 이 세 가지 위상은 각기 별개로 기능하기도 했지만, 현실에서는 고려국왕 한 명에 중첩되어 있음으로 해서 서로 영향을 미치며 총체로서의 고려국왕 위상을 변화시켰다. 이러한 상호작용은 주로 그 속성의 이입을 통해 이루어졌다.

먼저 몽골과의 관계 속에서 새롭게 생겨난 정동행성승상과 부마라는 위상은 각기 몽골 관료로서의 속성, 그리고 황실과 매우 특별한 관계를 맺은 하나의 가문이라는 속성을 고려국왕과 고려왕실에 이입시켰다. 우선 전자는 고려에 설치된 정동행성이 몽골의 관부이고, 그 승상이 몽골의 관료라는 사실로부터 비롯된 것이다. 후자는 앞서도 살펴봤듯이 황실과의 통혼을 통해 형성되는 관계를 고려국왕 혹은 고려왕실이 독점할 수 없다는 사실과 관련된다. 즉, 황실과의 통혼은 매우 큰 정치적 의미를 갖는 특별한 관계이지만 동시에 그 관계의 속성상 고려왕실은 몽골황실과 통혼관계를 맺을 수 있는 여러 가문 중 '하나의 가문'이며 고려국왕 역시 몽골황실 구성원과 통혼한 여러 고려인 중 '한 명'이 될 수밖에 없다는 것이다. 물론 많은 경우 가장 특별한 '하나의 가문'이자 '한 명'이기는 하겠지만 '유일한' 가문 혹은 개인은 아니었다.

한편, 이 시기 고려국왕의 세 가지 위상 가운데 가장 중심이 되는 '고려국왕'이라는 위상은 유일하게 이전부터 있어왔던 위상이지만 몽골과의 관계에서 그 또한 변화를 보였다. 주로 외교적 영역에서만 의미를 가졌던 고려국왕의 제후로서의 위상이 국내에서도 실질적으로 기능하게 된 변화라고 할 수 있다.

이 세 가지 위상의 속성이 현실에서 상호작용한 결과로서 나타난 고려국왕 위상의 변화는 크게 세 가지 정도로 이야기할 수 있다.

첫째, 대외적 영역에서뿐 아니라 대내적으로도 국왕이 몽골황제의 제후로 존재하게 되었다.

둘째, 국왕이 몽골제국 질서 아래에서 몽골황제권과의 관계를 통해 권력을 부여받게 됨으로써 유사한 관계를 형성한 다른 권력주체와 경쟁을 하게 되었다.

셋째, 위와 같은 과정들을 통해 왕조체제 아래에서 고려왕실의 혈연적 정통성이 갖고 있던 권위의 비중이 얼마간 축소되었다.

이러한 변화는 몽골과의 관계로 인한 변화이지만 몽골에 의해 일방적으로 생겨난 변화도 아니었고, 일시에 이루어진 변화도 아니었다. 이는 고려와 몽골의 관계가 진전되는 가운데 발생한 국왕위 계승 분쟁 및 관련 논의들을 거치면서 고려국왕과 신료들이 위에 제시한 각 위상의 속성을 인식하고 활용하는 과정에서 이루어진 변화였다. 이제 '고려국왕'에서 '정동행성승상 부마 고려국왕'으로의 고려국왕 위상 변화를 더욱 가속화하는 동시에 그러한 변화의 양상을 잘 보여주는 이 시기 국왕위를 둘러싼 논쟁과 분쟁에 대해 살펴보도록 하자. 다음 도식을 참고로, 다음 도식을 이해하는 것을 목표로.

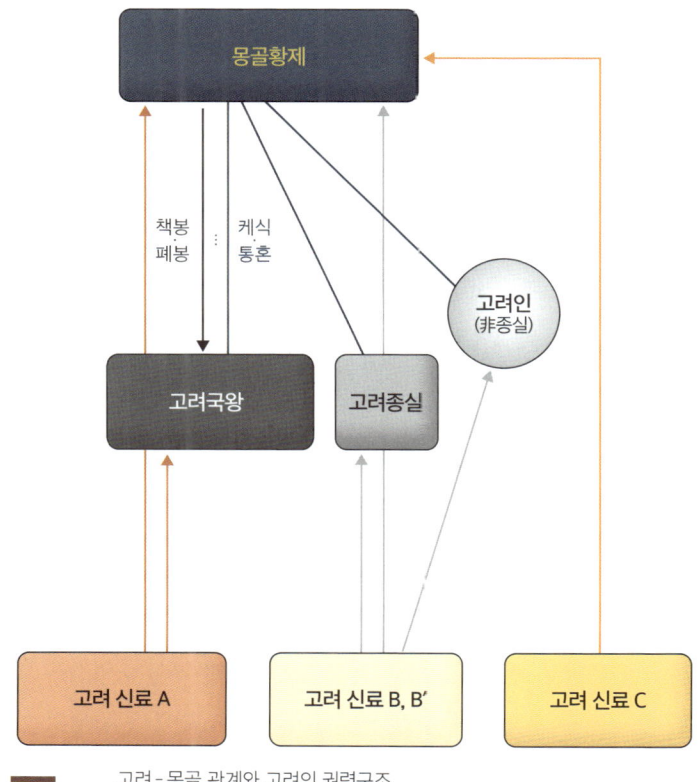

고려 - 몽골 관계와 고려의 권력구조

2 | 충렬왕과 충선왕 사이에서
    – 권력구조를 인식하다

1298년, 충선왕이 왕위에 올랐다가 쫓겨난 해

　1298년(충렬왕 24) 1월, 새해가 밝기 무섭게 충렬왕은 자신의 왕위를 아들인 세자 왕장王璋에게 물려주었다. 바로 전해, 충렬왕은 원 황제 성종 테무르鐵穆耳, 재위 1294~1307에게 글을 올려 아들에게 왕위를 넘겨주고 싶다는 뜻을 전했고, 성종이 이를 받아들여 이루어진 왕위의 교체였다. 그러나 그로부터 채 1년도 지나지 않은 같은 해 8월, 원에서는 사신을 보내어 충렬왕으로 하여금 다시 왕위에 오르게 하고 충선왕은 폐위시켜 케식에 다시 들어가게 했다. 몽골과의 관계 속에서 발생한 첫 번째 중조重祚, 즉 왕위의 교체였다.

'중조'란 왕이 '다시 왕위에 오르는 것'을 의미하는데, 왕이 '다시' 왕위에 오르기 위해서는 그에 앞서 왕위에서 물러나는 과정이 필요하다. 원종 역시 몽골에 의해 '다시 왕위에 오른' 사례이지만, 고려국왕이 왕위에서 물러나는 것까지 몽골과의 관계 속에서 이루어진 사례는 1298년의 사례가 처음이다. 그리고 이러한 상황은 이후에도 반복된다.

복위한 후 충렬왕의 행보를 보면, 그는 딱히 왕위에서 물러나고 싶지 않았던 듯하다. 충렬왕이 스스로 선위를 요청한 이유를 분명하게 알기는 어려우나, 이는 선위를 요청하기 3년 전부터 발생한 일련의 사건의 연장선상에서 생각해볼 수 있다.

1294년, 세조 쿠빌라이가 사망하고 그의 손자인 테무르가 카안위에 올랐다. 위에 등장했던 성종 테무르이다. 성종 테무르는 즉위 다음 해인 1295년부터 충렬왕이 요청한 사안을 들어주지 않는 등 고려에 대해 냉랭한 태도를 보이기 시작했다. 원 조정에서 고려의 사신이 다른 지역에서 온 사신과 자리의 순서로 다투었던 것, 제국대장공주의 '공주'로서의 지위에 의문을 제기한 것 등도 그러한 사례이다. 성종 테무르가 이러한 태도를 보인 이유를 알 수는 없지만, 새롭게 카안위에 오르면서 기존에 세조 쿠빌라이와 충렬왕을 주축으로 했던 고려와 몽골의 관계를 자신을 주축으로 한 관계로 재구성하려는 시도였다고 생각된다.

충렬왕은 이러한 상황을 타개하기 위해 우선 세자 왕장을 '중서령'으로 삼아 고려의 국정에 참여하게 함으로써 고려의 '중심'이 세자에 있음을 우회적으로 표현했다. 이후 충렬왕은 다시 몽골 조정에 청혼했고, 이 요청이 받아들여져 1296년 성종 테무르의 조카 딸인 부다시린寶塔實憐 공주, 즉 계국대장공주와 고려 세자 왕장의 통혼이 성사되었다. 관계의 중심이 바뀌었다. 그리고 1297년 세조 쿠빌라이의 딸이자 충렬왕비였던 제국대장공주가 사망했다.

세자의 통혼 이후 몽골과의 관계는 다시 안정되는 듯 보였다. 그러나 몽골과의 관계에서 세자 왕장이 중심축으로 부상하자, 이번에는 고려의 신료들 가운데 충렬왕의 정치에 불만을 갖고 있던 자들이 세자를 중심으로 결집하기 시작하며 충렬왕을 압박했다. 결국 이러한 안팎의 상황 속에서 충렬왕은 선위, 즉 세자에게 왕위를 넘기는 것을 성종 테무르에게 요청하게 되었고 이 요청이 받아들여져 충선왕이 즉위했다. 그리고 이렇게 고려 안팎의 지지를 받으며 왕위에 올랐던 충선왕은 같은 해 8월, 1년을 채우지 못하고 왕위에서 쫓겨나 다시 몽골로 들어가게 되었다.

충선왕과 계국대장공주

조인규趙仁規의 처는 신묘한 무당을 섬기며 저주를 내려 왕이 공주를 사랑하지 않고 자신의 딸에게만 애정을 쏟도록 하고 있다.

『고려사절요』 권22, 충선왕 즉위년(1298) 5월

충선왕이 즉위하고 4개월 차 되던 1298년 5월, 궁문에 붙은 익명서이다. 조인규는 통역관으로 활동하며 출세하여 충렬왕 대에 재상에 오른 인물로, 충렬왕과 제국대장공주의 총애를 받아 그 딸은 충선왕이 세자일 때 그 비妃가 되었다. 그러한 조인규의 처가 저주하여 왕과 공주, 즉 충선왕과 계국대장공주의 사이를 갈라놓고 충선왕이 조비만을 사랑하게 했다는 고발문이 궁문에 붙은 것이다. 이른바 '조비무고사건'이다.

1296년에 혼인한 이후, '조비무고사건'이 발생하기까지 부부생활을 하지 않았다는 기록을 보면 충선왕과 계국대장공주의 사이는 애초에 소원했던 것으로 보인다. 이것이 조인규의 처가 고용한 무당의 굿 때문인지는 알 수 없지만 위와 같은 이야기는 익명서가 붙기 이전부터 있었다. 익명서가 등장하기 직전인 같은 해 4월, 계국대장공주는 고려에 오면서 데리고 온 수행원들을 몽골에 보내어 태후, 즉 자신의 할머니에게 위와 같은 내용을 알리고자 했고, 5월에 들어서면 공주 측 인사들이 실제 몽골로 가서 공주가 소박맞았음을 태후에게 알리기도 했다. 이러한 와중에 위와 같은 익명서가 게시되자, 공주는 관련자들을 투옥하고 다시 사신을 보내어 관련 내용을 원에 알렸으며 원에서는 사신을 파견해 황제의 명으로 조비를 포함한 관련자들을 수감하고 심문을 시작했다. 모두 익명서가 붙고 한 달 사이에 발생한 일이다.

조인규의 처와 조비 등을 심문하기 위한 황제의 사신들이 고려와 몽골을 오가는 한편으로, 원 태후는 별도의 사신을 보내어 충선왕과 공주가 다시 잘 지낼 것을 권하기도 했다. 그러나 둘의 관계는 회복되지 않았고, 이는 충선왕이 즉위한 그 해에 폐위되는 중요한 사유가 되었다.

부부간의 불화가 이혼도 아니고 국왕 폐위의 사유가 될 수 있었던 것은 고려왕실과 몽골황실 간의 통혼이 단순한 개인 간의 통혼 이상으로 고려와 몽골의 관계를 상징하는 것이기 때문이었다. 이러한 사실을 충선왕이 모르지는 않았을 것이며 충선왕은 당시에도 이후에도 딱히 원에 대한 부정적 태도를 보이지 않았을 뿐 아니라 원과의 관계에 적극적이었지만, 공주와의 관계 개선은 이루지 못했다. 그러나 그 혼인 관계를 끝내지도 않았다.

한편, 조비무고사건 해결을 위해 고려에 왔던 원의 사신들은 충선왕이 즉위 후 단행한 관제 개편에 대한 문제 제기도 접수했다. 충선왕은 즉위 후 관제를 개편하면서 아버지 충렬왕이 원의 지적을 받아 개편했던 관제를 다시 정비했다. 원이 중국의 제도를 수용해 중앙의 관제를 개편하면서 이미 중국의 제도를 사용하고 있던 고려의 제도 가운데 그 격이 '황제국의 제도'인 것들이 있어 원의 제도와 동일한 사례들이 발생하게 되었다. 원에서는 이러한 부분을 지적했고 충렬왕은 원의 지적을 받은 부분들, 그리고 눈에 띄는 상위의 관제들을 격하시킴으로써 원의 문제 제기를 수용했다. 그러나 이는 임기응변적인 관제 개편이었기 때문에 상위 관제와 하위 관제 간 관계에 불균형이 발생했다. 충선왕이 즉위 후 관제를 개편한 것은 이러한 문제를 정리하고자 한 것이었지만, 이 과정에서 충렬왕 대에 없앤 관제 일부가 복원되었다. 이에 충선왕에 대해 불만을 가졌던 자들은 조비무고사건을 빌미로 그의 관제 개편에도 문제를 제기한 것이다.

요컨대, 충선왕은 공주와의 결혼생활에 충실하지 못하고 공주와 불화한 가운데 발생한 조비무고사건을 시작으로 그가 즉위 후 개편한 관제의 '참월僭越함' 또한 더불어 지적받으며 즉위 후 7개월 만에 폐위되었고, '재교육'을 위해 다시 케식으로 소환되었다.

첫 번째 중조 이후의 변화 – 신료들

충선왕이 즉위 7개월 만에 몽골에 의해 폐위되고 충렬왕이 다시 왕위에 오르는 전례 없는 과정을 경험하면서, 고려국왕과 신료들은 몽골 복속기 이후 변화한 권력구조와 그 아래에서의 국왕 위상에 대해 정확하게 인식하게 되었다. 그리고 이러한 인식은 이후 고려국왕과 신료들의 관계 및 그들의 정치행태에 큰 변화를 가져왔다. 먼저 신료들의 변화를 살펴보자.

충선왕을 케식으로 소환한 후, 원에서는 충렬왕을 다시 왕위에 오르게 하면서 두 명의 관인을 고려에 보내어 왕과 함께 나랏일을 다스리도록 했다. 왕위 교체 이후 혼란한 상황을 수습하기 위함이었다. 이러한 가운데, 충렬왕이 다시 왕위에 오르고 얼마 지나지 않은 1299년 1월에는 충렬왕의 측근 신료인 한희유韓希愈가 충렬왕과 함께 몽골에 대한 반역을 도모했다는 무고 사건이 발생했다. 이에 만호 인후印侯와 김흔金忻, 밀직 원경元卿 등은 군사를 동원해 한희유 등 10여 명을 붙잡아 카산哈散에게 고발하고 처리를 요청했다. 카산은 바로 전년에 몽골황제가 충렬왕과 함께 고려의 국사를 다스리도록 보낸 관인 가운데 한 명이었다.

카산은 간단한 조사를 거쳐 이 고발이 사실이 아닌 무고임을 확인했으나, 일단 고발이 들어온 사건이기에 충렬왕과 함께 한희유 등을 국문했다. 수일간의 국문에도 한희유 등이 자백하지 않자 인후 등은 원으로 가서 이 문제를 황제에게 알려 처리하려 했다. 왕의 만류에도 불구하고 이들이 몽골행을 강행하려 하니 충렬왕은 결국 한희유 등을 유배 보내는 것으로 사건을 마무리했다. 이른바 '한희유 무고사건'의 경과이다.

'한희유 무고사건'과 그 처리를 둘러싼 일련의 상황은 첫 번째 중조 이후 변화한 권력구조를 잘 보여준다. 인후 등은 충렬왕과 충선왕 사이에서 충선왕을 지지했던 자들이다. 이들이 한희유 등 충렬왕의 측근 신료를 무고한 것은 복위한 충렬왕이 충선왕 대의 정치나 그 지지 세력을 부정하며 행했던 정치 운용에 대한 반발이었으며, 또한 충렬왕이 복위함으로 해서 예상되는 정치적 보복에 대한 두려움 때문이었다.

어느 시기에나 국왕의 정치에 대한 신료들의 비판은 있었고 이는 국왕에 대한 '간언'의 형식으로 이루어졌다. 이러한 점은 충렬왕 대에도 마찬가지였다. 그런데 인후 등은 자신들의 불만과 불안을 충렬왕에게 직접 간언하기보다는 몽골 관리, 나아가 황제에게 고발하는 방식으로 해결하려 했다. 그리고 이 무고의 내용에 충렬왕이 개입되어 있었다고는 하지만 국왕의 명령 없이 군대를 동원하고 이후에도 왕명을 따르지 않으며 몽골행을 강행하려 했던 점도 주목된다.

국왕의 정치에 대한 비판을 몽골 관원이나 황제에게 호소하는 방식으로 행한 사례는 이후에도 이어진다. 한희유 무고사건을 처리하고 몽골로 돌아간 카산은 이 사건이 인후 등이 꾸민 일임을 황제에게 보고하는 한편, 국왕이 신료들을 통솔하지 못하니 관리를 파견해 국사를 함께 돌보도록 하는 것이 좋겠다는 의견을 제시했다. 카산 역시 그러한 목적으로 파견된 인물이었지만, 자신과 같은 몽골 관원이 단기적으로 고려에 머무는 것으로는 고려의 정국이 안정되기 어렵다고 판단한 것으로 보인다. 이에 원 중서성에서는 논의 끝에 그간 인원이 배치되지 않았던 고려 정동행성 평장정사직에 활리길사闊里吉思를 임명해 파견하는 방안을 결정했다.

활리길사는 부임 후 얼마 지나지 않아 그의 노비법 개변 시도가 고려국왕과 신료들의 거센 반발에 부딪혀 귀국하게 되지만, 그가 처음 부임했을 때 고려의 신료들이 보인 움직임은 흥미롭다. 당시 고려의 신료들은 활리길사에게 충렬왕의 측근 가운데 한 명인

송분宋玢을 고발했다. 국왕의 정치력이 신료들을 통솔하지 못하는 상황을 수습하기 위해 파견된 몽골의 관리에게, 고려의 신료들은 그 국왕의 측근을 고발함으로써 국왕의 정치가 갖는 문제점을 비판한 것이다.

나아가 김세金世라는 인물은 충렬왕의 또 다른 측근인 석주石胄와 그 무리를 몽골 중서성에 직접 고발했고, 원에서는 이 문제를 처리하기 위해 1303년 단사관 테무르부카帖木兒不花를 사신으로 보냈다. 그리고 고려의 신료들은 충렬왕의 측근 가운데 대표적인 인물인 오기吳祁를 테무르부카에게 고발했다. 이때의 고발은 이전과는 다른 양상을 보였다. 원충갑元沖甲 등 50명이 함께 오기를 고발하자 같은 날 홍자번洪子藩 등 30명이 다시 연명으로 오기의 죄를 지적한 글을 테무르부카 등에게 보내어 고발했고, 다음 달에는 관직에서 물러난 관원 28명과 군관 150명이 역시 사신에게 오기의 처벌을 요청했으며, 이외에도 30명에 가까운 고려의 신료들이 충렬왕의 만류에도 불구하고 연이어 사신에게 오기를 고발했다. 결국 홍자번 등은 왕명을 무시하고 군사를 동원해 왕궁을 포위하고 무력시위를 통해 오기를 잡아 몽골로 압송했다. 이들이 지적한 오기의 죄는 왕 부자를 이간한 것, 재상임에도 왕궁의 출입을 마음대로 하면서 왕에게 부정한 계책을 고한 것이었다. 이는 오기라는 인물의 잘못에 대한 지적임과 동시에, 이러한 것을 허용한 충렬왕에 대한 비판이었다.

이 시기 고려의 신료들이 오기·석주 등에 대한 처벌을 고려 국왕인 충렬왕이 아닌 몽골 조정이나 사신에게 호소했던 것은 일차적으로는 충렬왕이 자신의 측근 신료인 오기·석주 등을 처벌하지 않을 것이라는 판단이 있었기 때문이었다. 나아가 이들이 오기·석주 등을 통해 표면화한 충렬왕의 정치가 갖는 문제점을 황제 혹은 그 사신에게 직접 고발하는 방식으로 비판했던 것은 충렬왕이 고려 내 최고권자로서의 위상을 상실한 데 기인한 것이었다. 이는 두 가지로 이야기할 수 있다.

한 가지는 고려 내에서 권력의 정점이 이원화하게 되었다는 점이다. 살펴본 바와 같이, 원에서 성종 테무르가 즉위한 후 세자 왕장이후 충선왕이 관계의 또 다른 주체로 등장했으며, 그는 국왕위에 올랐다가 폐위된 후에도 황실 부마로서의 지위도, 케식을 통한 황실과의 관계도 유지했고, 가장 유력한 고려국왕위 계승권자로서의 위상도 유지하고 있었다. 이처럼 폐위된 국왕이 여전히 잠재적인 권력의 정점으로 존재하고 있는 상황에서 고려 신료들은 현재 국왕과 '전왕' 사이에서 분열했다.

다른 한 가지는 충선왕이 폐위되는 과정에서 고려국왕과 신료들이 고려국왕의 '제후'로서의 위상을 분명하게 인식하게 되었다는 점이다. 몽골과의 관계 이전에도 고려국왕은 중국황제의 제후였고 그로부터 책봉을 받았다. 그러나 이는 사후적인 성격이 강해서 일단 고려 내의 상황에 따라 국왕위에 오른 후 책봉을 요청하면 중국의 황제가 이를 승인하는 방식으로 이루어졌다. 그런데 몽골은 몽골황제가 책봉한 고려국왕을 고려의 권신이 폐위시킨 원종 폐위 사건이 발생했을 때, 원종을 복위시킴으로써 몽골황제의 고려국왕에 대한 책봉이 실제적인 힘을 갖는 것임을 보여주었다. 다만 이때까지만 하더라도 고려국왕과 신료들은 황제가 책봉한 국왕을 다른 권력자가 폐위시킬 수 없다는 사실, 즉 무신집권기의 권력구조로부터 벗어나는 상황에서 몽골황제권이 고려국왕권에 기반이 되었던 측면만을 인식했다. 그러나 충선왕이 공주와의 불화 및 '참월한' 관제 개편으로 인해 폐위되는 과정을 통해 고려국왕과 신료들은 고려국왕이 몽골과의 관계에서 문제를 발생시킬 경우 황제에 의해 폐위될 수도 있다는 사실, 즉 몽골의 황제가 고려국왕에 대한 책봉을 철회할 수도 있다는 사실을 인지하게 되었다.

이러한 상황에서 고려 신료들은 자신들의 정치적 상황이나 지향에 따라 반드시 현재 고려국왕의 신료가 아니어도 되는 상황, 혹은 그것이 가능한 상황에 놓이게 되었다. 이에 여전히 간언을 통해 국왕의 정치가 갖는 문제점 해결을 국왕에게 직접 호소하는 신료들도 있었지만, 위와 같이 국왕의 정치가 갖는 문제점을 함축적으로 내포한 인물들에 대한 처벌을 국왕이 아닌 몽골황제나 사신에게 호소하는 신료들의 움직임이 연이어 나타나게 된 것이다. 이러한 움직임을 보인 고려의 신료들이 딱히 '부원배'로 분류되지 않는, 일반적인 관료들이었다는 점도 기억해둘 만하다.

첫 번째 중조 이후의 변화 - 충렬왕

1298년의 중조 사건을 통한 권력구조 인식과 그를 바탕으로 한 정치방식의 변화는 신료들에게만 국한된 것이 아니었다. 국왕들 역시 1298년을 기점으로 그 정치방식에 큰 변화를 보이게 된다.

앞서 본 바와 같이 충렬왕은 이미 즉위 초에도 자신의 국왕권을 재구축하는 과정에서 몽골황제권과의 특별한 관계를 적극적으로 활용했다. 그러나 이때는 황제권이 고려국왕권에 기반이 되는 측면에 주로 주목하고 그것이 국왕권을 제약할 수 있는 측면에는 그다지 주목하지 못했다. 그러나 중조의 과정을 거치면서 충렬왕 역시 몽골황제권과 고려국왕권의 관계를 온전히 파악하게 되었고, 복위 후 자신의 지위를 유지하기 위해 매우 적극적인 정치활동을 펼치게 된다.

대표적인 사례가 충렬왕을 포함해 그 지지 세력이 추진한 이른바 '공주 개가改嫁 운동'이다. 충선왕과 계국대장공주의 불화를 빌미로 계국대장공주와 고려왕실의 방계인 서흥후 왕전王琠의 재혼을 추진한 것이다. 이를 주도적으로 추진한 것은 충렬왕의 측근 신료들이었지만, 충렬왕 역시 직접 이에 개입했다. 1305년(충렬왕 31) 충렬왕과 그 측근 신료들은 직접 원 조정으로 들어가서 공주를 재혼시키기 위한 정치적 공작을 진행했고, 이 과정에서 원에 있던 충선왕 및 그를 지지하는 신료들 역시 충렬왕 측의 위와 같은 시도를 제지하기 위한 정치적 행동들을 진행했다. 양자 간의 갈등은 결국 원 조정에서의 소송으로까지 이어지게 된다.

충렬왕이 원 조정에 가서 소송을 진행하면서까지 충선왕과 공주를 이혼시키고자 했던 것이나 충선왕이 계국대장공주와 사이가 좋지 않았음에도 불구하고 소송을 불사하며 굳이 그와의 결혼을 유지하고자 했던 것은, 공주와의 통혼을 매개로 한 몽골황실과의 관계가 단순히 왕권에 기반이 된다는 차원 이상으로 고려의 국왕위를 계승하고 유지하는 데에 핵심적인 요소라는 사실을 양측 모두 인지하고 있었음을 보여준다. 첫 번째 중조의 과정을 통해 고려 국왕과 신료들이 인식하게 된 몽골 복속기 권력구조의 일면이다.

첫 번째 중조 이후의 변화 – 충선왕

1305년부터 원 조정에서 벌어진 충렬왕 측과 충선왕 측의 소송은 1306년, 충선왕 측의 승소로 마무리되었다. 그리고 충선왕은 아직 충렬왕이 재위 중인 상황에서 스스로 고려의 인사와 처벌, 제도 개정 등을 주도하면서 고려 국정을 장악했다. 1308년, 충렬왕이 사망했고 충선왕이 다시 왕위에 올랐다.

충선왕은 결국 공주와의 관계를 개선하지 못했다. 그러나 그 역시 폐위의 과정을 거치면서 몽골과의 관계 및 그를 바탕으로 한 고려의 권력구조에 대해 적극적으로 인식하게 되었고, 그러한 인식은 계국대장공주를 재혼시키려는 충렬왕 측 시도에 대응하는 과정에서뿐 아니라 그가 복위하고 난 후의 정치에서 드러나게 된다. 이는 크게 두 가지로 이야기할 수 있는데, 먼저 복위 후 충선왕의 정치에는 고려·고려국왕의 제후국·제후로서의 위상이 보다 분명하게 드러나게 되었다. 이는 복위년 관제 개편을 비롯한 제도 운영 양상에서 확인된다.

충선왕은 복위 후, 다시 관제를 개편했다. 이번에는 즉위년과 달리 원의 제도를 기준으로 관직체계를 정하고 명분에 위배되지 않는 방향으로 고려의 관제를 정비했다. 사료에서는 이를 "상국上國의 제도를 피해 관명官名을 고쳐 제후의 법도를 삼가히 한 것이다"라 기록하고 있다. 이외에도 충선왕은 왕실 칭호를 격하했고, 아버지 충렬왕과 그 선대 고종과 원종의 시호를 원에 요청했다.

묘호廟號는 황제 사후에 신하들이 올리는 것으로 황제국의 제도이다. 황제가 죽으면 신하들은 묘호와 함께 시호도 지어 올렸다. 시호는 신하들 역시 사후에 받게 되는데 이는 황제가 내려주는 것이었다. 몽골 복속기 이전에도 고려는 송, 요, 금 등 중국왕조에 사대했으므로 명분상으로는 묘호를 사용할 수 없었을 뿐 아니라 국왕의 시호 역시 황제로부터 받아야 하는 것이었지만, 이때는 묘호를 사용했으며 시호도 신하들이 지어 올렸다. 그러나 충선왕은 복위 후 부왕의 시호를 황제에게 요청했고 나아가 고종과 원종의 시호도 함께 요청하여 각기 충렬忠烈, 충헌忠憲, 충경忠敬이라는 시호를 받았다. 충선왕의 제도 개편에 보이는 이러한 양상은 1298년 당시 참월한 관제 개편이 폐위의 한 가지 이유가 되었던 경험으로 인해 생겨난 변화라고 할 수 있겠다.

한편, 충선왕은 복위 후 자신의 권력을 유지하고 강화하기위해 몽골 황실·황제와의 관계가 중요하다는 사실을 인식하고 그 관계를 강화하는 데에 적극적인 면모를 보였다. 복위 후 충선왕의 정치에서 보이는 가장 큰 변화이자 특징은 그가 고려가 아닌 원에 체류하면서 고려의 국정을 관리했다는 사실이다. 사신을 통해 명령을 전달하고 보고를 받는 형식으로 정치를 한 셈인데, 이를 '멀리서 다스리는 통치'라는 의미의 '요령遙領통치' 혹은 '왕의 명령을 전달하는 방식의 정치'라는 의미의 '전지傳旨정치'라고 부르기도 한다. 모두 당시에 사용하던 용어는 아니다. 충선왕의 원 체류가 장기화하자, 고려의 신료들이 그의 귀국을 요청했을 뿐 아니라 원 황제도 귀국을 명했지만 충선왕은 고려국왕위를 아들 충숙왕에게 물려주면서까지 계속해서 원에 체류했다.

충선왕이 이렇게까지 원에 머물고자 했던 것은 그가 고려에서의 정권을 유지하는 데에 중요하다고 생각한 것이 무엇이었는지를 잘 보여준다. 충렬왕 세력과의 정쟁에서 충선왕 측이 승리할 수 있었던 데에는 그 시점에 발생한 원 정국 변동이 중요한 배경으로 작용했다. 이때 성종 테무르가 사망하고 무종 카이샨海山, 재위 1307~1311이 즉위했는데, 충선왕은 폐위된 후 케식 생활을 하면서 카이샨, 아유르바르와다(뒤의 인종) 형제와 매우 친밀한 관계를 형성하고 있었고, 그러한 관계를 바탕으로 무종 카이샨이 즉위하는 데에 공을 세웠다. 이러한 황제와의 관계와 그를 바탕으로 한 공로는 충선왕이 충렬왕과의 정쟁에서 승리해 정권을 장악하고 이어 고려국왕위에 오르게 되는 데에 중요한 배경이 되었다. 다만, 이러한 관계는 황실과의 통혼관계에 비해 정국 변동의 영향을 쉽게 받아 불안정한 측면이 있었다. 그러나 살펴본 바와 같이, 충선왕은 공주와의 불화로 인해 폐위에까지 이르렀음에도 공주와의 관계를 개선하지는 못했다. 비교적 안정적으로 유지할 수 있는 몽골황실과의 가문 간 관계를 강화하는 데에는 사실상 실패한 것이다. 이러한 상황에서 충선왕은 국왕위에 오른 후에도 장기간 원에 체류하면서 또 다른 '관계', 즉 황제와의 개인 간 관계에 주력했던 것으로 보인다.

한편, 이러한 필요가 있었다 하더라도 충선왕이 갑작스럽게 이른바 '요령통치'라는 낯선 방식으로 이러한 필요를 충당하게 된 배경은 잘 이해가 되지 않는다. 그런데 '요령통치'라는 방식은 고려에서는 매우 낯선 것이었지만 몽골에서는 그 영지領地를 막북, 화북, 강남 등에 두고 있었던 종왕, 제왕들이 한곳에 머물면서 다른 영지를 관리하는 일상적인 방식이기도 했다. 즉, 충선왕은 복위 전 장기간 원에 체류하면서 익숙하게 접해왔던 몽골 종왕·부마들의 영지 통치 방식을 자신의 필요에 의해 채택, 활용했던 것이다. 공주와 사이가 좋지는 않았으나 그는 몽골황실의 부마이기도 했으니 말이다.

3 | 충숙왕에서 충혜왕까지
― 권력구조를 활용하다

심양왕-심왕의 등장

무종 카이샨이 즉위하는 과정에서 공을 세운 왕장은 케식 생활을 통해 구축한 카이샨 및 아유르바르와다 형제와의 관계를 바탕으로 고려의 정권을 장악하는 한편, 원의 제왕위 가운데 하나인 심양왕瀋陽王에 책봉되었다. 무종이 즉위 후 행한 논공행상의 하나였다. 그리고 얼마 후 충렬왕이 사망하자 왕장은 고려국왕위를 계승했고, 이로써 그는 고려국왕위와 심양왕위, 두 개의 왕위를 모두 보유하게 되었다. 충선왕이 복위하고 얼마 지나지 않은 1309년, 원에서는 그의 심양왕위를 심왕瀋王으로 승급시켜 주었는데, 한 글자로 된 왕호는 원의 제왕위 가운데에서도 칭기즈칸의 일족만

이 보유할 수 있는 왕호였으니, 당시 원 황제의 충선왕에 대한 신임과 그를 바탕으로 한 충선왕의 위상을 짐작할 수 있겠다.

앞에서 살펴보았듯이, 충선왕은 복위 후 3개월 만에 원으로 가서 머물면서 이른바 '요령통치'를 행했다. 충선왕의 원 체류가 장기화하자 고려에서는 환국 요청이 빗발쳤고, 원 조정에서도 충선왕에게 귀국할 것을 명했다. 이에 충선왕은 귀국이 아닌 선위, 즉 고려국왕위를 아들에게 물려주는 것을 선택했다.

충선왕이 다시 왕위에 오른 지 5년째 되던 1313년, 그의 둘째 아들 왕도王燾가 왕위를 물려받았으니 그가 충숙왕이다. 그리고 3년이 지난 1316년, 충선왕은 그가 가지고 있던 또 하나의 왕위인 심왕위를 조카인 왕고王暠에게 물려주었다. 왕고는 충렬왕의 장자 왕자王滋의 아들이다. 몽골과의 관계가 아니었다면, 충렬왕이 제국대장공주와 결혼하지 않았더라면, 그래서 충선왕이 태어나지 않았더라면 당연하게도 충렬왕을 이어 국왕이 되었을 자신의 이복형의 아들이었다.

충선왕이 자신이 보유하고 있던 두 개의 왕위를 굳이 이 시점에 각기 아들과 조카에게 물려준 이유는 알 수 없지만, 결과적으로 이는 충선왕이 실각하고 난 후 고려의 정국에 큰 파장을 일으키게 된다.

심왕을 고려국왕에 세우려는 자들

전 정윤正尹 채하중蔡河中이 원의 사신 김가노金家奴와 더불어 원으로부터 돌아와서 말하기를, "황제께서 권한공權漢功과 채홍철蔡洪哲을 사면하시고 이들을 소환하셨습니다"라고 했다. 또 말하기를, "황제께서 심왕 왕고를 국왕으로 삼으셨습니다"라고 했다. 이튿날, 백관이 왕고의 어머니인 안비安妃에게 하례를 올렸다. 이날 저녁 호군護軍 이연李漣이 원에서 돌아와 말하기를, "국왕은 무탈하시다."라고 했다. 재추는 비로소 채하중의 망령됨을 알았다. 처음에 상왕이 심왕을 자기의 아들보다 더욱 사랑했으니, 심왕이 이로써 기회만 엿보는 마음을 갖게 되었다.

『고려사절요』 권24 충숙왕 8년(1321) 8월

위 기록은 심왕 왕고를 고려국왕위에 올리려는 시도, 즉 '심왕 옹립운동'의 시작을 보여주는 사료이다. 그에 따르면, 채하중이라는 인물이 원에서 돌아와 권한공과 채홍철을 사면하고 몽골로 데리고 오라는 황제의 명령과 황제가 심왕 왕고를 국왕으로 삼았다는 소식을 전했다고 한다. 그리고 이를 들은 고려 관료들은 이튿날 왕고의 어머니에게 축하하는 예식을 치루었다. 황제가 왕고를 국왕으로 삼았다는 이야기는 곧 거짓으로 판명되었지만, 이후로도 심왕 왕고를 고려국왕으로 삼으려는 시도는 계속되었다.

황제의 명을 전달한 채하중은 사면을 받은 채홍철의 아들이다. 채홍철과 권한공은 충선왕의 측근으로 충선왕이 원에 체류하며 '요령통치'를 하는 과정에서 인사 문제를 비롯해 많은 정책 결정에 영향을 미쳤던 자들이다. 당시 이들은 왕의 측근에서 정사를 마음대로 한 죄로 고려에서 처벌을 기다리고 있던 중 황제의 사면을 받게 되었던 것이다.

충선왕은 1313년 고려국왕위를 아들 충숙왕에게 넘겨준 후에도 원에 머물면서 '요령통치'를 이어갔다. 이에 충숙왕은 국왕이 되었으나 국왕으로서 할 수 있는 일은 거의 없는 상태로 재위 초반을 보내게 되었다. 이러한 가운데 원에서는 1320년 인종 아유르바르와다愛育黎拔力八達, 재위 1311~1320가 사망하고 그 아들 영종英宗 시데발라碩德八剌, 재위 1320~1323가 즉위하는 정국 변동이 발생했다. 시데발라는 인종의 장남이었으니, 이 계승 과정은 얼핏 순조로워 보인다. 그러나 애초에 무종 카이샨이 즉위 후 동생인 아유르바르와다를 황태자로 삼았을 때, 아우르바르와다 역시 카이샨의 아들인 코실라(뒤의 명종)를 자신의 후계로 삼겠다는 약속을 했는데 이 약속이 지켜지지 않은 것이니 인종 사후 영종의 즉위는 사실상 정쟁을 수반한 정국 변동이었다. 이 과정에서 원 정국에 깊이 연관되어 있던 충선왕 역시 실각하고 토번, 즉 티베트로 유배길에 오르게 되었다.

그간 상왕으로서 요령통치를 하던 충선왕이 유배길에 오르자, 충숙왕은 직접 정치를 하기 위한 준비를 시작했다. 그 첫 단추가 충선왕의 옆에서 정치를 좌우하던 측근 신료들을 숙청하는 것이었다. 상황이 이렇게 되자 위에서 이름이 언급되었던 권한공, 채홍철 등 충선왕의 측근 신료들은 새롭게 황제가 된 영종의 총애를 받고 있던 심왕 왕고에게 접근해 자구책을 마련하고자 했다. 이들은 심왕 왕고와 접촉하는 한편으로, 충숙왕에 대해 그가 귀가 멀고 눈이 멀어 정사를 잘 돌보지 못한다던가, 황제의 조서를 찢었다던가 하는 참소를 했다. 결국 1321년 3월, 원에서는 고려에 사신을 보내어 충숙왕의 옥새를 빼앗고 원으로 소환해 조사를 진행했고, 충숙왕은 이후 1324년까지 원에 머물게 된다. 채하중이 '황제께서 심왕 왕고를 국왕으로 삼으셨습니다'라는 명을 고려에 전달한 것은 바로 충숙왕이 옥새를 빼앗긴 채 원으로 소환되어 있던 상황에서 발생한 일이었다.

'심왕 옹립 운동'이 말해주는 것

이 시기 심왕을 고려국왕으로 세우려는 자들의 움직임과 그에 대한 고려 측의 반응은 몽골 복속기 고려국왕 위상에 발생한 두 가지 변화를 보여준다.

한 가지는 이 시기 다수의 고려 신료들이 몽골황제에 의한 고려국왕의 폐위와 즉위를 자연스러운 것으로 인식하고 있었다는 점이다. 앞의 인용문에서 채하중의 전언을 들은 고려 신료들이 큰 동요 없이 바로 다음 날 왕고의 어머니인 안비에게 하례했다는 기록은 이들이 황제의 결정에 따른 충숙왕의 폐위와 왕고의 즉위를 비교적 자연스럽게 수용하고 있음을 보여준다.

다른 한 가지는 이 시기 고려 신료들이 고려국왕위를 계승하는 데에 고려왕실 내부의 질서 못지않게 몽골황실 및 황제와의 관계가 매우 중요한 요소라고 인식하고 있었다는 점이다.

왕고는 충렬왕의 장자인 왕자의 아들이었고, 충숙왕이 원에 소환되고 심왕을 왕으로 세우려는 시도가 이루어진 1321년 당시 충숙왕의 아들인 왕정王禎(뒤의 충혜왕)은 7살에 불과했으며, 충선왕은 앞서 1313년 충숙왕에게 왕위를 물려주면서 왕고를 세자로 삼은 바 있었다. 즉, 당시 상황에서 충숙왕이 아닌 다른 인물을 고려국왕으로 세우고자 한다면 왕고는 고려왕실의 질서상 가장 적합한 인물이었다고 할 수 있다. 다만, 이때의 상황에서 주목되는 것은 당시 고려 신료들이 충숙왕이 고려국왕위에서 물러나는 것에 대해 딱히 부당하게 생각하지 않았던 이유, 달리 말하자면 충숙왕에 비해 왕고가 고려국왕위에 더 적합하다고 판단했던 이유이다.

충숙왕의 정치에 문제가 없었다고 할 수는 없지만, 그가 직접 정치를 주도한 것은 충선왕이 실각한 후 충숙왕이 원으로 소환당하기까지 불과 4개월 정도에 지나지 않았다. 충숙왕 대 이전 고려의 국왕들 가운데 그 정치에 문제가 있다는 사실이 폐위의 사유가 된 사례도 없지만, 그 4개월의 기간 동안 충숙왕이 한 일은 충선왕의 측근들을 숙청한 것이 거의 유일했다. 심왕을 고려국왕으로 세우는 일에 주도적으로 참여한 자들은 충선왕 측근들이었으며, 이들 행동의 배경은 자신들을 내치려 한 충숙왕에 대한 원망과 두려움이었을 것이다. 그러나 다른 신료들은 어떠한가?

> 왕고가 고려왕위를 엿보는 마음을 품게 되었고 <u>나라 사람들도 태반이 그에게 마음을 돌렸다.</u>
>
> 『고려사』 권91, 왕고 전

> <u>여러 사람의 의견을 어기고 혼자 다른 행동을 하다가</u>違衆自異 후회하지 않겠는가?
>
> 『고려사절요』 권24, 충숙왕 9년(1322) 8월

> 지난번 간신들이 음모를 꾸며 허황된 말로 사람들의 마음을 동요시켰을 때 <u>군신君臣의 의리를 지켜서 자신을 돌보지 않은 사람은 실로 드물었던 반면, 바라보면서 의심하고 머뭇거리면서 가운데 서서 변화를 파악하는 자들만 온 나라에 가득했도다.</u> …
>
> 『고려사』 권35, 충숙왕 12년(1325) 10월 을미

위의 기록들은 심왕을 고려국왕에 세우려는 움직임이 진행될 당시 많은 고려의 신료들이 이 상황을 방관하거나 심왕 측에 동

조했음을 보여준다. 두 번째 기록은 당시 심왕 옹립을 주도하던 자들이 심왕을 고려국왕으로 삼을 것을 요청하는 글을 원 중서성에 보내기 위해 신료들의 서명을 받던 중, 그에 반대했던 김륜金倫에게 다른 신료가 한 말로 당시의 '중론'이 심왕을 옹립하는 것이었음을 보여준다.

이처럼 이른바 '심왕 옹립 운동'을 방관하거나 이에 동조했던 대다수의 고려 신료들이 단지 충숙왕이 충선왕의 측근을 숙청했다는 사실만으로 그가 국왕위에 부적합하다고 판단해서 이러한 행동을 한 것은 아닐 것이다. 혹은 이들이 심왕을 옹립하려는 움직임에 적극적으로 동조해서 그의 편에 섰던 것이 아니라 그야말로 '머뭇거리면서' 상황을 파악하다가 그렇게 된 것이었을 수도 있다. 그러나 어찌 되었든 이때 많은 고려 신료들이 상황 파악 끝에 결국 심왕 측에 서게 되었던 것은 이들이 충숙왕이 고려국왕위를 유지하기보다는 심왕이 고려국왕에 오르게 될 가능성이 더 크다고 당시의 상황을 파악한 결과였다.

많은 고려 신료들의 상황 판단에는 일차적으로는 충숙왕이 옥새를 빼앗긴 채 몽골에 소환되었고, 충숙왕의 '잘못'을 조사하는 사신의 왕래가 이어진 상황이 작용했을 것이다. 또 이미 한 차례 충선왕이 폐위되었던 경험이 작용한 측면도 있을 것이다. 그 경험의 연장선상에서 당시 신료들은 심왕 왕고가 몽골황제 및 황실과 맺은 관계와 충숙왕이 몽골황제 및 황실과 형성한 관계를 폐위와 즉위의 중요한 한 부분으로 고려했던 것으로 보인다.

심왕 왕고는 1316년(충숙왕 3) 3월, 심왕위를 물려받음과 동시에 진왕 감말라의 장자인 양왕 중산의 딸, 눌룬공주와 결혼해 황실의 부마가 되었다. 양왕 중산은 충선왕비 계국대장공주의 형제로 인종 아유르바르와다와는 사촌지간이었다. 왕고는 이 통혼을 계기로 인종의 총애를 받았다고 하며, 충선왕의 애호 또한 더욱 두터워졌다고 한다. 인종 사후에는 영종의 총애까지 받게 된다. 그리고 이러한 점은 그 스스로가 고려국왕위에 마음을 두게 된 이유이자 많은 고려인들이 그의 측근이 되거나 혹은 그를 지지한 중요한 이유가 되었다.

충숙왕 역시 심왕 왕고와 같은 해 7월에 영왕 에센테무르의 딸 이린친발라亦憐眞八剌, 복국장공주와 결혼했다. 이 통혼은 물론 몽골황실과 고려왕실 간 세대를 거듭한 통혼의 한 사례로서 중요한 의미를 갖지만, 공주의 부친이 상대적으로 현 황제와 혈연거리가 멀기도 했거니와 심왕 왕고의 통혼에 비해서는 충숙왕의 몽골황제와의 관계에, 충숙왕의 국왕권에 큰 정치적 효과를 더해주지는 않았던 것으로 보인다.

요컨대, 충숙왕 대 발생한 심왕 옹립 시도의 과정은 이 시점에서 다수의 고려 신료들이 고려국왕에 대한 황제의 '책봉'이 갖는 권위와 실효성을 자연스러운 것으로 받아들이고 있음을 보여줌과 동시에, 그러한 황제의 '책봉'을 받아 국왕위에 오르고 그 지위를 유지하는 데에 몽골황실·황제와의 관계라는 외부적 논리가 혈연적 질서라는 고려왕실 고유의 질서 못지않게 중요한 논리로 인식되고 활용되고 있었음을 보여준다. 다시 말하자면, 고려국왕의 제후로서의 위상이 고려 내에서도 실질적으로 기능하게 된 변화, 그리고 고려국왕권이 몽골황실·황제와의 관계라는 매우 특별하지만 변동 가능한 관계에 기반하게 됨으로써 발생하게 되는 국왕 위상의 변화를 이 시기 고려 신료들이 자연스럽게 받아들이고 있는 모습을 보여주고 있다.

이러한 점은 앞선 충렬왕~충선왕 대의 중조 과정에서도 확인할 수 있었지만 차이점도 보인다. 충렬왕의 선위와 충선왕의 폐위는 그들이 몽골황실·황제와 형성한 관계에 먼저 문제가 발생한 결과로서 이루어진 것이었다. 이에 비해 충숙왕 대의 심왕 옹립 시도는 현재의 국왕인 충숙왕이 몽골황제·황실과 형성한 관계에 특별한 문제가 발생해서가 아니라 그보다 더 공고한 관계를 형성한 종실 구성원이 그 관계를 기반으로 국왕위에 도전했고, 일부 고려 신료들은 이러한 점을 활용했으며 다수의 고려 신료들은 그 '관계'를 근거로 이 도전의 성사 가능성을 높이 평가한 사건이었다. 즉 충렬왕~충선왕 대의 중조 과정이 고려국왕과 신료들이 이 시기 권력구조와 그 안에서의 국왕 위상에 대해 인식하는 계기가 되었다면, 충숙왕 대 심왕 옹립 시도의 과정은 많은 고려의 신료들이 그러한 권력구조와 국왕 위상 변화를 자연스럽게 받아들이고,

나아가 일부 신료들은 그를 활용하고 있음을 보여준다는 점에서 고려사회의 몽골 복속기 권력구조 인식과 수용이 한 단계 더 전개된 양상을 보여준다.

심왕 지지 세력은 왜 입성론을 제기했을까?

심왕의 의지와 고려 신료들의 호응, 몽골 영종의 총애를 밑거름 삼아 추진되었던 심왕 옹립 시도는 1322년(충숙왕 9)까지 계속되었으나, 결국 성사되지 못했다. 이러한 결과는 위에서 이야기한 일련의 변화에도 불구하고, 고려국왕위를 계승하고 유지하는 데에 고려왕실 내부의 질서가 여전히 중요한 비중을 차지하고 있었음을 보여준다. 그런데 심왕 옹립 시도가 실패한 직후부터 심왕 옹립을 주도하던 세력 가운데 일부가 이번에는 입성론을 제기하며 그 움직임을 이어갔다.

고려에 세워진 정동행성은 그 구성이나 기능 면에서 원 내에

<표 3> 몽골 복속기 정동행성 관련 논의(합성론, 입성론) 사례

	제안 시기	제안자
합성론	충렬왕 28년(1302)	요양행성
입성론(1차)	충선왕 복위 초(1308~1309)	홍중희
입성론(2차)	충숙왕 10년(1323) 정월	유청신, 오잠
입성론(3차)	충숙왕 10년(1323) 12월	유청신, 오잠
입성론(4차)	충혜왕 즉위년(1330)	장백상, 양재
입성론(5차)	충숙왕 후5년(1336)	노강충, 왕의, 왕영
입성론(6차)	충혜왕 후4년(1343)	이운, 조익청, 기철

세워진 다른 행성들과는 차이가 있었다. 이에 몽골 복속기에는 정동행성을 다른 행성과 동일하게 만들자는, 이른바 '입성론'이 여러 차례 제기되었다. 그러한 사례의 하나로, 충선왕의 측근 신료이자 심왕 옹립 운동을 주도적으로 추진했던 자들 중 일부인 유청신柳淸臣과 오잠吳潛 등이 고려에 행성을 세우고 국호를 없앨 것을 주장하며 입성론을 제기했다. 심왕을 고려국왕으로 세우려는 시도가 실패로 돌아간 직후의 일이었다. 이 논의가 중지된 후 얼마 지나지 않아 이들은 영종 사후 태정제 예순테무르也孫鐵木兒, 재위 1323~1328가 즉위하는 정국 변동 속에서 다시 입성론을 제기했다. 〈표 3〉에 보이는 2차, 3차 입성론이다. 그 논의를 제기한 시점이나 제기한 세력은 이 논의가 심왕 옹립 시도의 연장선상에서 제기되었음을 보여준다. 이들은 왜 입성론을 제기했을까?

이에 앞서 충선왕이 복위한 직후인 1309년 초에도 한 차례 입성론이 제기된 바 있었다. 이때 입성론을 제기한 것은 이 시기 대표적 부원 세력인 홍씨일가의 구성원으로 요양·심양 지역에서 활동했던 홍중희였다. 당시 홍중희는 무종 즉위 과정에서 공을 세워 심양왕위를 받은 후 곧이어 고려국왕위에까지 오르며 그 세력이 급부상하고 있던 충선왕에 대한 경계 차원에서 입성론을 제기했다. 그 맥락을 여기에서 자세히 논하기는 어려우나, 어찌 되었든 이는 고려 출신이기는 하지만 주요 활동 영역이 고려 밖이었던 인물에 의해 제기된 논의였다.

이에 비해, 충숙왕 대 입성론은 고려 국내 정치 상황 속에서 고려의 정치세력에 의해 발생한 것으로, 심왕을 고려국왕으로 세우기 위한 시도가 좌절되면서 그 연장선상에서 이루어진 것이었다. 그리고 이러한 양상은 이후에도 이어져서 이후의 입성론들 역시 고려의 신료들이 자신들이 지지하는 인물을 국왕으로 세우고자 하는 가운데 제기되었다. 원하는 인물을 국왕으로 세우는 것, 즉 충숙왕 대의 입성론에서는 심왕을 왕위에 올리는 것과 정동행성을 원 내지의 행성과 동일하게 만드는 것입성이 무슨 관계가 있는 것일까?

이 문제와 관련해서 유청신 등이 입성론을 제기했을 당시에 원의 전 통사사인通事舍人 왕관王觀이 그 부당함을 적어 원 승상丞相에게 올린 상서문의 내용이 유의할 만하다.

> 삼가 듣건대 앞장서서 입성立省 정책을 건의한 두 사람은 곧 그 나라의 옛 재상으로서 참소와 이간질로 군주에게 죄를 얻고는 독을 품고 스스로 의심하다가 마침내 그 종국宗國을 전복시킬 계략을 세움으로써 스스로 평안해지기를 도모하는 것이라 합니다. 그 본심을 살펴보면 애초에 성스러운 조정에 충성을 바쳤던 것이 아닙니다. 이를 통하여 보면 올빼미·범·개·돼지만도 못한 자이니, 마땅히 법대로 분명히 바로잡아明正典刑 신하로서 불충한 자들을 경계해야 합니다.
>
> 『고려사절요』권24, 충숙왕 10년(1323) 정월

왕관은 정동행성을 내지와 동일하게 하는 것이 고려와의 오랜 관계에 비추어서나 운영상의 어려움 등 실질적인 면에서 모두 부적절하다는 의견을 개진하면서, 그 제기자들의 본심이 부정하다는 점을 언급했다. 즉 이들이 심왕을 옹립하려는 과정에서 충숙왕에게 죄를 지었기 때문에, 다시 말하자면 예상되는 정치적 보복을 피하기 위해 이러한 논의를 제기했다는 것이다.

유청신 등을 포함한 충선왕의 측근 신료들이 심왕을 고려국왕으로 삼으려 한 것 역시 심왕이 고려국왕위에 보다 적합하다는 인식이 우선적으로 작용해서 추진한 것이라기보다는, 자신들을 정치에서 배제하려고 했던 충숙왕에 대한 불만과 불안이 우선적으로 작용해서 그를 폐위시키기 위해 혹은 폐위를 확정하기 위해 추진한 것이었다. 즉, 심왕을 옹립하기 위해 충숙왕의 폐위를 도모한 것이 아니라 충숙왕을 폐위시키기 위해 심왕 옹립을 도모한 것이었다. 그러나 이 시도가 실패한 것에서 알 수 있듯이 몽골과의 관계에서 특별한 문제를 일으키지 않은 국왕을 폐위시키는 것은 쉬운 일은 아니었다. 이러한 상황에서 국왕을 폐위시키고자 했던 자들은 고려국왕이 겸하고 있던 '정동행성승상'의 지위에 주목했던 것으로 생각된다.

원에서 행성의 승상은 그 "인물을 택하는 데에 신중했기 때문에 종종 결원이 되기도 했다"고는 하지만 기본적으로 다른 관직과 마찬가지로 적합한 인물을 임명하고 교체하는 방식으로 운영되었다. 정동행성의 승상 역시 원칙적으로는 이와 다를 바 없는 원의 관직이지만, 이를 고려국왕들이 겸하게 되면서 사실상 세습직으로 운용되고 있었으며, 고려국왕이 겸한 정동행성승상은 정동행성의 관원들에 대한 보거권, 즉 추천 권한을 갖고 있었다. 이는 원에서 행성 승상에게 일반적으로 허용된 권한은 아니었다.

그런 점에서 유청신 등이 이때 입성을 하고 국호를 없애자고 한 것은 고려국왕이 겸함으로 해서 약화 혹은 변질되었던 행성장관직의 관료적 속성을 되살리는 데에 방점을 둔 논의였다고 생각된다. 고려에 입성이 이루어지고 국호가 없어질 경우, 그 행성의 장관직은 입성론 제기자들이 지지하는 심왕 왕고가 담당했을 수도 있고 고려국왕위를 내려놓은 왕도(충숙왕)가 담당했을 수도 있다. 요양행성이나 운남행성 등의 사례를 볼 때, 그 지역의 강력한 재지在地 세력들은 원에 의해 해당 지역이 행성체제로 재편된 후에도 행성의 고위 관직을 담당하며 현지에 대한 통제권을 유지했다. 원 조정으로서도 굳이 재지기반이 있는 세력을 적으로 돌리기보다는 그 지역 통치에 활용하는 편이 효율적이었을 것이다. 원 조정에 적대적인 세력이 아니라면 말이다.

그러나 설령 왕도가 전 고려국왕으로서의 기반을 인정받아 새로운 행성의 장관이 된다고 하더라도 그 행성장관직의 임면은 세습직인 고려국왕의 폐위와 옹립에 비해 훨씬 쉽게 이루어질 수 있었을 것이다. 왕도 이후로도 여전히 이전의 '고려왕실' 구성원들이 그 직책을 '세습'할 수도 있었겠지만, 기본적으로 임명직인 행성장관직은 문제가 발생했을 때 그를 왕씨일가 안팎의 다른 인물로 교체하는 것은 용이하고도 당연한 일이 될 것이었다. 교체의 사유는 정치적 문제일 수도 있고, 대를 이어 임명할 만한 인물이 없어서일 수도 있고, 자질과 능력의 문제일 수도 있다. 예컨대, 왕정王禎, 충혜왕이 정동행성승상이기만 했다면, 그가 승상직에서 파면되었을 때, 불과 8살이던 아들 왕흔王昕, 충목왕이 승상직을 계승하는 일은 없었을 것이다. 이는 고려국왕위에 대해 몽골황제가 책봉권을 행사하는 것과는 근본적인 차이가 있는 것이다.

또한 입성은 행성 장관이 그 휘하 관료에 대해 갖는 권한에도 영향을 미칠 수 있다. 고려국왕이 겸했던 정동행성승상은 행성관에 대한 보거권을 가졌지만, 입성 이후 정동행성승상은 원 내지의 일반적인 사례와 마찬가지로 행성관에 대한 보거권은 갖지 못할 것이었다. 그리고 이러한 차이는 기존 국왕에게 죄를 지었던 자들을 예상되는 정치적 보복으로부터 상대적으로 자유롭게 해주었을 것이다. 충숙왕은 충선왕의 측근 신료들이나 심왕 지지 세력을 처벌하거나 파면할 수 있는 권한이 있었지만, 다른 행성과 동일해진 정동행성의 승상 왕도는 그러한 권한을 갖지 못할 것이니 말이다.

요컨대 충숙왕 대 이후 입성 논의는 이 시기 고려국왕의 세 가지 위상 가운데 정동행성승상으로서의 위상을 부각시킨 논의였다. 이러한 입성론에 호응하는 고려인들도 거의 없었으며, 소기의 목적을 달성하지도 못했다는 결과적 측면은 매우 중요하다. 동시에 그 양상이 갖는 의미 또한 주목할 필요가 있다. 즉, 제한된 범주의 세력이기는 하지만 고려의 정치세력들이 현재 국왕에 대한 불만, 그것이 사적인 것이든 공적인 것이든 간에 불만이 있을 경우 입성론이라는 형태로 그러한 불만을 표출하고 그의 국왕위에 문제를 제기하기 시작했다. 많은 고려 신료들이 그에 반대하거나 혹은 방관했지만, 어찌 되었든 반복되는 이러한 상황은 그들에게도 경험치가 되었고 이러한 경험치는 이후 충혜왕 대에 전개되는 국왕위를 둘러싼 환경 변화와 논란들의 전조로 기능했던 것으로 보인다. 충혜왕 대에 제기되었던 '마지막' 입성론은 충혜왕 폐위라는 나름의 성과를 거두고 있기 때문이다.

충혜왕 대의 입성론과 국왕 폐위

" … 근래에 고려국왕 부다시리寶塔實里(충혜왕)가 무도無道한 짓을 마음대로 하여 나라 안에 해독을 주어, 민들이 명命을 감당하지 못하고 경사京師에 와서 호소할 줄은 생각지도 않았다. 이제 그 죄를 바로잡아 영표嶺表에 유배 보내었다. 그러나 생각하건대, 그 선대부터 우리 대대의 황제들을 섬겨서 두 마음이 있지 않았는데, 하루아침에 후사가 계승하지 못하여 마침내 대대로 내려오던 작위를 잃는 것을 짐의 마음에 어찌 참겠는가. … 이에 그 아들 바스마도르지八禿麻朶兒只(충목왕)에게 명하여 정동행성좌승상 고려국왕을 그대로 계승해서 짐의 덕을 펴서 나의 민을 편안하게 하게 한다. … "

『고려사절요』 권25, 충혜왕 후5년(1344) 4월 을유

위 인용문은 원에서 충혜왕을 유배 보내고 그 아들 충목왕으로 하여금 고려국왕위를 계승하게 하면서 보낸 조서의 일부이다. 근래에 충혜왕의 '무도함'으로 인한 피해를 고려의 민들이 원 조정에 와서 호소한 일이 충혜왕을 폐위하고 유배를 보낸 주요한 사유로 제시되고 있다는 점이 주목된다. 이때 고려의 민들이 원 조정에 와서 호소했다는 것은 위 조서가 고려에 도착하기 8개월 전의 일을 가리키는 것이다.

이운李芸·조익청曹益淸·기철奇轍 등이 원에 있으면서 중서성에 상서하여 <u>왕이 탐욕스럽고 음탕하며 부도덕한 행동을 한다고 전부 말하고 고려에 입성하여 백성들을 안정시켜야 한다고 청했다.</u>

『고려사』 권36, 충혜왕 후4년(1343) 8월 경자

당시 원에 있던 고려 신료들 가운데 몇 명이 충혜왕의 '탐음부도'함을 들어 고려에 입성할 것을 주장했다. 그리고 2개월 후인 같은 해 10월, 고려 출신 원 환관이자 기황후와 긴밀한 관계에 있던 고용보高龍普가 고려에 사신으로 왔고, 11월에 다시 원 사신이 와서 충혜왕을 구타하고 포박해 원으로 압송해 갔다. 이후 조사를

거쳐 충혜왕은 유배길에 올랐다가 도중에 사망하게 된다.

이운, 조익청, 기철 등이 입성을 주장한 것은 그들이 각기 충혜왕에게 가지고 있었던 사적인 불만이나 충혜왕과의 불화에 기인한 것이었다. 그러나 이들은 표면적으로는 '왕이 탐욕스럽고 음탕하며 부도덕'해서 민이 힘들다는 공적인 근거를 제시했는데, 이는 실제 상황과 크게 다르지 않았다. 이후 충혜왕이 유배길에 죽게 되었다는 소식이 고려에 전해졌을 때, 나라 사람들 가운데 슬퍼하는 이가 아무도 없었고 소민小民들은 기뻐하기까지 했다는 기록은 당시의 분위기를 엿보게 한다. 요컨대, 이운, 조익청, 기철 등이 입성론이라는 형태로 제기한 충혜왕에 대한 반대 움직임은 충혜왕의 실정 문제와 엮이면서 충혜왕 폐위로 귀결되었다. 그 결과에 대해 '군신의 도리'를 들어 반대하는 자들도 있었지만 많은 이들이 동조했다.

이때 충혜왕의 폐위는 1298년 충선왕이 폐위되었을 때와 같이 국왕이 몽골과의 관계에서 문제를 일으켜서도 아니었고, 1320년 충선왕의 유배나 1332년 충혜왕이 처음으로 폐위되었을 때와 같이 몽골의 정국 변동 과정과 관련되어 있었던 것도 아니었다. 참고로 충혜왕은 1332년 처음 즉위했다가 그를 지지하던 엘 테무르燕鐵木兒 세력이 실각하는 과정에서 한 차례 폐위된 바 있다. 또한 충숙왕 대처럼 심왕이라는 다른 정치적 대안이 있는 상황도 아니었다. 국내 정치에서의 실정, 국왕으로서의 자질과 자격에 대한 신료들의 문제 제기로 상위의 권위에 의해 국왕이 폐위된 사례였고,

그것은 고려 신료 전체는 아니라 하더라도 많은 '국인'과 '소민'의 공감을 얻었다. 이것은 단순히 고려의 정치가 몽골의 내부 상황과 밀접하게 연계되어 있어서, 그 정치상황의 변동에 따라 고려국왕위 중조가 빈번하게 이루어졌다는 차원에서 설명할 수 있는 문제는 아니다. 부도不道하고 실정失政한 국왕이 신료들의 '반대운동'의 결과로 상위의 권위에 의해 폐위될 수 있다는, 국왕권에 대한 또 다른 기준이 적용된 실제 사례가 생겨난 것이다. 다시 말해 이는 혈통이나 권위가 아니라 자질과 능력을 바탕으로 왕정(충혜왕)이 고려국왕으로서의 지위를 유지할 수 있는지의 여부가 결정된, 즉 고려국왕위에 대해 관료제적 기준이 적용된 사례였다. 물론 이후 고려국왕위는 관료제적 기준으로 따지자면 부적절한 나이 어린 왕자, 충목왕에게 전해졌지만 말이다.

이러한 충혜왕 대 입성론의 의미는 충혜왕 대라는 특정 시기의 상황과 맞물리면서 더 부각되었다. 충혜왕의 정치를 통해 국왕권을 상당 부분 사적인 권력처럼 운용하고 있는 모습이 확인되는 한편으로, 기황후의 책봉과 황태자 출생을 계기로 기씨일가가 고려에서도 중요한 정치세력으로 성장해가고 있었기 때문이다. 그 주요 구성원인 기철은 충혜왕 폐위의 빌미가 된 입성론을 제기한 세 명 중 한 명이기도 했다.

제 3 장

관계의 귀결

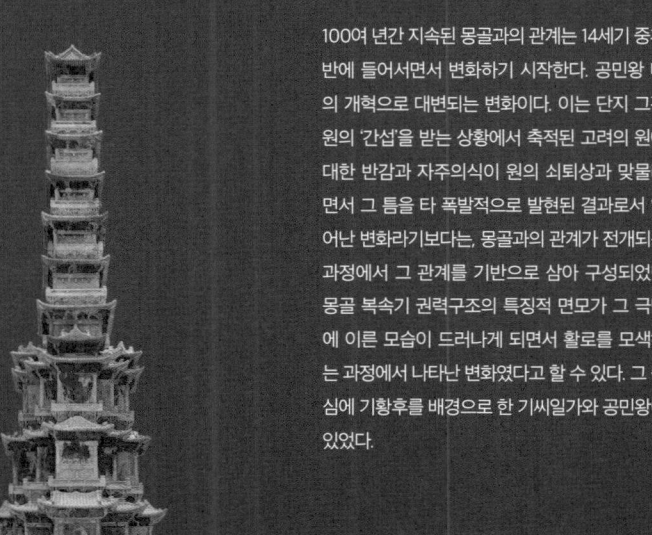

100여 년간 지속된 몽골과의 관계는 14세기 중후반에 들어서면서 변화하기 시작한다. 공민왕 대의 개혁으로 대변되는 변화이다. 이는 단지 그간 원의 '간섭'을 받는 상황에서 축적된 고려의 원에 대한 반감과 자주의식이 원의 쇠퇴상과 맞물리면서 그 틈을 타 폭발적으로 발현된 결과로서 일어난 변화라기보다는, 몽골과의 관계가 전개되는 과정에서 그 관계를 기반으로 삼아 구성되었던 몽골 복속기 권력구조의 특징적 면모가 그 극단에 이른 모습이 드러나게 되면서 활로를 모색하는 과정에서 나타난 변화였다고 할 수 있다. 그 중심에 기황후를 배경으로 한 기씨일가와 공민왕이 있었다.

1 | 새로운 가문의 등장과 성장
－ 기황후와 기씨일가

공녀에서 황후로

　충숙왕이 사망하고 충혜왕이 복위한 다음 해인 1340년, 혜종 惠宗 토곤테무르妥懽怗睦爾, 재위 1333~1370가 고려 여인 기씨를 제2황후로 삼았다는 소식이 고려에 전해졌다. 기씨는 고려에서 차출된 공녀로, 당시 원 궁정에서 활동하던 고려 출신 환관 휘정원사徽政院使 투멘데르禿滿迭兒의 추천으로 궁녀가 되어 혜종의 차 시중을 담당하다가 그의 눈에 띄어 황태자를 출산하고 황후가 된 여성, 바로 기황후이다. 공녀인 기씨가 혜종의 총애를 받아 황태자를 출산한 것은 기씨 개인적으로나 고려의 입장에서는 고려 출신 황후가 등장한 배경으로서 의미를 갖지만, 이는 당시 원 정국에서도 매우 중요한 의미를 갖는 사건이었다.

1333년 혜종 토곤테무르가 즉위하기 전, 원에서는 4년 남짓의 기간 동안 4명의 황제가 즉위했다. 토곤테무르의 아버지인 제11대 황제 명종明宗 코실라和世㻋, 재위 1329, 코실라의 동생이자 토곤테무르의 삼촌인 문종文宗 톡테무르圖帖睦爾, 재위 1329~1332, 코실라의 둘째 아들이자 토곤테무르의 동생인 영종寧宗 이린친발懿璘質班, 재위 1332, 그리고 토곤테무르에 이르는 황제들의 짧은 재위와 즉위는 권신들이 정치를 주도하는 가운데 황제위를 둘러싸고 발생한 정쟁의 결과였다.

토곤테무르 역시 문종 대 이래의 권신인 엘 테무르의 영향력 아래에서 즉위했고, 즉위와 함께 엘 테무르의 딸 타나시리答納失里를 황후로 맞이했으며 문종 톡테무르의 아들 엘 투쿠스燕帖古思가 그의 후계로 결정되었다. 그가 즉위한 해에 엘 테무르는 사망했지만 그 잔여 세력과 새로운 권신 바얀伯顏이 정치를 장악하고 있었다. 이러한 상태에서 혜종이 재위한 지 8년이 되던 해, 상황이 급변했다. 바얀의 조카 톡토脫脫가 토곤테무르 측에 협력하면서 바얀이 실각하고, 바얀과 연계되어 있던 문종 황후 태황태후 부다시리卜答失里는 폐위되었으며, 그의 아들로서 혜종의 후계자로 지명되었던 엘 투쿠스는 고려로 유배를 가던 중 사망했다. 이로써 즉위 이후 토곤테무르의 황제권을 제약하던 불안 요소들이 일단 정리되었다. 그리고 공녀 기씨는 제2황후에 책봉되었다. 모두 1340년에 발생한 일이었다.

1340년에 발생한 일련의 정국 변동은 원 말 권신 정치의 결과로서 발생한 것이지만, 바로 전년에 토곤테무르의 아들이 태어난 일에 의해 촉발된 측면이 있었다. 이를 계기로 바얀과 태황태후 부다시리의 견제가 강화되었고, 토곤테무르가 그에 대응할 수밖에 없는 상황이 만들어졌기 때문이다. 그 아들은 바로 기씨가 출산한 태자 아유르시리다라愛猷識理達臘, 1339~1378이다. 즉, 공녀 기씨가 기황후로 책봉되는 과정은 권신들이 정치를 주도하는 상황에서 불안정했던 혜종 토곤테무르의 정치적 기반을 강화하는 과정과 연계되어 있었다.

공녀 기씨의 황태자 출산과 기황후 책봉 및 그와 연동된 원 정국 동향은 고려에도 영향을 미쳤다. 일단 충혜왕이 국왕위 계승을 인정받게 되었다. 충혜왕은 1332년에 한 차례 폐위되었다가 1339년에 충숙왕이 사망하면서 다시 고려국왕위를 계승했다. 그러나 원에서 그의 왕위 계승을 인정해주지 않는 가운데 그가 아버지 충숙왕의 부인이었던 경화공주를 간음한 사건을 계기로 '조적의 난'이 발생했고, 충혜왕은 원으로 소환되었다. 원으로부터 왕위 계승을 인정받지 못하고 '조적의 난'에 연루되어 원에 억류 중이던 충혜왕은 그의 왕위 계승을 반대하던 바얀이 실각하게 되면서 1340년 3월에서야 국왕위 계승을 인정받게 된다. 이즈음 황제의 생신을 축하하기 위한 고려 측 사절로서 기황후의 형제인 기철이 파견된 것은 충혜왕으로서도 당시 원에서 기황후가 책봉된 상황을 중요하게 인지하고 그를 통해 자신의 복위 후 정권 안정에 도움을 받으려 했을 가능성을 엿보게 한다.

한편, 기황후 책봉과 그의 황태자 출산은 고려의 신료들에게도 큰 반향을 일으켰던 것으로 보인다. 이즈음에 작성된 두 편의 글을 보면 말이다.

걸비색목, 청동색목

… 돌아보건대, 폐읍弊邑(우리나라, 고려: 필자주)은 우리 대국大邦(원)에 복종하여 적개심을 갖고 요동을 쳐서 동쪽을 정벌하는 성무황제(칭기즈칸: 필자주)의 군사를 도왔습니다. 또한 [세조 쿠빌라이의 성덕聖德을] 참관하고자 변주汴州를 지나다가 북쪽으로 올라가는 세조황제의 군사를 맞이했습니다. [이에] 드디어 제후로서 황제의 딸을 맞이하는 영광을 입고 은덕을 밝혀 지키고 널리 알리라는 기탁을 받아 자손에 이르기까지 서로 이어 사위와 장인의 지극한 즐거움을 이어왔습니다. 편안하고 밝은 시기에 이르러 인연과 은총이 더욱 깊어져 이제 원량元良이 태어나려고 하니, 진실로 사해의 정에 맞아 덕이 없는 저는 스스로 자랑으로 여기고 사사로이 삼한의 복이라 일컫습니다.

인하여 생각하니, 일찍이 황송하게도 황실의 인척이 되었고, 다시 황실의 계보에 경사를 만나게 되었습니다. 이미 이처럼 본지本支의 관계에 부합했으니, 어찌 이에 색목色目과 같이 하지 않겠습니까? 이에 마음속의 간곡한 마음을 피력하여 경계 없는 큰 은혜를 입기를 기다리니, 유음兪音을 내려주시어 우러러 사모하는 마음에 응하여 주시기를 엎드려 바랍니다. …

　　이제현, 「걸비색목표乞比色目表」, 『익재난고益齋亂稿』 권8, 표전表牋

　이제현이 쓴 이 글은 고려인을 색목인과 같이 대우해比色目 줄 것을 요청乞하는 내용의 글이다. 아래 안축의 글 또한 이와 거의 유사한 내용을 담고 있다.

　… 엎드려 생각해 보니, 작은 우리나라는 먼저 성스러운 교화에 의탁해 여러 차례 특별한 공훈을 드러내었으므로, 바야흐로 처음에는 황제의 딸을 내려주시어 경사가 길이 만대에 이르게 하셨습니다. 이제 또 성스러운 후사가 탄생하셨으니, 반드시 장차 복이 삼한에 미칠 것입니다. 어떤 큰 공이 있었기에 이처럼 만나기 어려운 행운을 맞이하게 된 것입니까? 친함으로는 한 집안의 장인과 사위이며, 의리상으로는 동체同體인 군주와 신하의 관계이니, 이에 한인漢人 및 남인南人과는 멀리 구별되며 색목色目의 부류에 함께 들어갈 수 있는 것입니다. …

　　안축, 「청동색목표請同色目表」, 『근재선생집謹齋先生集』 권2, 보유補遺, 표이 두 편의 글은 모두 '최근'에 고려 여성으로부터 '황태자'가 태어났음을 언급하고 있는 것으로 보아 기황후의 아들 아유르시리다라가 태어난 1339년 혹은 그 직후에 작성된 것으로 보인다. 두 편 모두 이를 근거로 고려를 색목과 같이 대우해달라고 요청하고 있는데, '색목인과 같이 대우해달라'는 것은 어떤 의미일까?

색목인은 일반적으로 위구르나 무슬림 등 농경지대에서의 행정 능력을 바탕으로 몽골의 중국 통치에 참여했던 외래인을 지칭한다. 그리고 이들은 '몽골인 · 색목인 · 한인 · 남인'이라는 서열화한 종족 구분에서 몽골인과 함께 지배층 혹은 지배신분을 점했던 것으로 이해되고 있다. 몽골제국의 위와 같은 종족 구분을 '등급' 혹은 '신분'의 차별로 보는 이해를 일반적으로 '4계급설'이라고 하며, 이는 교과서에 '몽골 제일주의 (정책)'로 소개되고 있기도 하다.

그런데 '색목인'은 많은 경우 위구르, 무슬림 등을 가리키지만 '색목'이라는 것은 '한법漢法의 적용을 받지 않는 집단'을 총칭한 의미이기도 하다. 연관선상에서 몽골인 · 색목인 · 한인 · 남인의 구분 역시 서열적인 성격을 지닌 계급이나 신분 구분으로 보기는 어렵다. 몽골인과 색목인 다수가 지배층을 구성하고 있는 상황에서 결과적으로 이들이 정치적 · 경제적 우위에 있었던 것은 사실이지만, 애초에 몽골에서 종족 간의 차등을 법적으로 규정하고 위 네 개의 집단을 서열화하고자 했다고 보기는 어렵다는 것이다. 이는 다양한 종족 · 문화집단을 포함했던 몽골제국이 그들을 아울러 통제하기 위한 일률적인 법제를 고안해내기보다는, 각각의 종족·문화집단들이 본래의 법과 관습에 따라 생활하도록 하는 '본속주의本俗主義'를 유지했던 점과도 관련된다.

이러한 '색목'의 개념 차이에 따라 이제현과 안축의 요청에 대한 이해도 두 가지로 나누어진다. 먼저 '색목인'의 개념을 '4계급설'의 관점에서 본다면 이들의 요청은 고려인의 신분 상승 요청으로 볼 수 있다. 원의 사료에는 색목인, 한인, 남인 등을 열거한 사례들이 다수 확인되며 그 가운데에는 '고려인' 역시 별도로 분류되어 있는 사례들이 있다. 이때의 '고려인'은 원에 거주하는 고려인을 지칭하는 것인데, 많은 경우 이들은 한인, 남인 등과 함께 열거되지만 '색목'과 함께 열거되는 경우도 있다. 이러한 사료의 기록 양상을 바탕으로 원에서 생활하는 고려인의 몽골제국 내 신분적 위치를 색목인과 한인 사이의 어느 정도로 이해한다면, 이제현과 안축의 「걸비색목표」와 「청동색목표」는 '확실하게' 색목인과 같은 위치를 점하고자 하는 고려 측 요구를 표현한 것이라고 볼 수 있겠다.

한편, '한법의 적용을 받지 않는 집단'을 '색목'으로 보는 이해를 바탕으로 한다면, 이제현과 안축의 요청은 고려, 고려인에 대해 한법이 적용되는 추세에 대한 문제 제기로서 중국이나 한인과는 구분되는 고려, 고려인으로서의 정체성을 인정받고자 한 것이었다고 볼 수도 있다. 원대 법전 기록에서 '고려인'이 별도로 분류되어 언급되는 것에서 보듯 원에서 생활하던 고려인들은 한법이 적용되는 대상이 아니었다. 물론 고려에서도 한자를 사용했고 고려에서 당·송의 제도를 도입해 사용했기에 '한인'과 유사한 부분이 있었지만, 재원 고려인들은 고려율이 적용되는 대상이었다. 그런데 1300년대 전반기, 원에서 한법을 적용할 수 있는 대상과 그렇지 않은 대상을 구분하는 기준으로 '성姓'을 사용하는지 여부가 중요한 기준이 되기 시작하면서 원 내지의 고려인들이 '고려인'이라는 별도의 범주로 분류되는 사례들이 급감하게 된다. 즉 고려인에게도 한법이 적용되는 경향이 확산되었던 것이다. 물론 이는 원에 거주하는 고려인에 해당하는 문제였으나, 1330년대 후반에 이르면 그러한 경향성이 고려 국내에도 영향을 미치게 된 것으로 보인다.

예를 들자면, 1337년에 고려에 전해진 '군기軍器 소지 금령'의 사례가 있다. 1337년 4월, 원에서는 "한인, 남인, 고려인은 군기를 지녀서는 안 되며, 말을 소유한 사람의 경우는 [그 말을] 관官으로 거두어들이라"라는 명령이 내려졌고, 한 달 후인 5월에 이 금령은 고려에 전달되었다. 원대의 법전에는 한인과 남인의 무기 소지를 금하는 조문들이 다수 발견되며, 원 내에 거주하는 고려인들에 대해서도 이러한 금령은 종종 내려진 적이 있었다. 그러나 이러한 금령이 고려 본국에까지 전해진 것은 이번이 처음이었고, 이는 고려 신료들에게는 '충격적'인 일이었던 듯하다. 당시 고려 신료들이 모두 사무를 돌보지 않았고, 고려 조정에서는 백관이 말 타는 것을 허용해달라는 요청을 하여, 황제가 앞서의 금령을 철회하는 조서를 다시 내렸다고 하니 말이다.

이외에도 비슷한 시기인 1340년 겨울에 이곡李穀이 정동행성의 이문理問으로 있다가 임기가 끝나고 돌아가는 게이충揭以忠을 환송하면서 쓴 글인「송게이문서送揭理問序」는 중국의 법, 즉 통제通制를 고려에서도 적용하려는 움직임과 고려의 법제, 즉 구법舊法을 유지하려는 움직임 사이의 갈등 관계를 보여준다.

이러한 와중에 1339년 충숙왕이 사망하고 왕위에 오른 충혜왕이 충숙왕의 부인이었던 경화공주를 간음한 일을 빌미로 조적의 난이 발생하자, 원에서는 충혜왕을 원 조정으로 불러 심문했다. 이 과정 역시 의미심장한데 이전에도 고려국왕들이 몽골과의 관계에서 뭔가 '잘못'을 행했을 경우 원에서 사신이 파견되어 관련자들을 심문하거나, 국왕이 원 조정으로 직접 가서, 혹은 소환되어 스스로를 변론했던 적은 있었다. 그러나 당시에는 황제가 있는 자리에서 변론이 이루어지거나, 혹은 관련자들이 사법절차를 거치기는 해도 국왕이 직접 사법기관에 수감되거나 하지는 않아 다소 '특별한' 형태를 취했다. 이에 비해 1339년의 충혜왕은 본인이 직접 원의 형부刑部에 수감되어 관련자들과 함께 일반적인 심문의 과정을 거쳤다.

요컨대, 14세기 전반기를 거치면서 원이 고려에 미치는 영향력의 양상이 변화하는 것과 궤를 같이해서 그리고 그러한 변화가 '군기 소지 금령'이나 충혜왕의 복위 과정 및 그에 대한 원 형법 적용과 같은 구체적인 사건으로 더욱 부각되는 시점에, 마침 때를 맞춘 고려 여성 기씨의 태자 출산을 배경으로 하여 이제현과 안축의 요청이 이루어졌다고 볼 수 있겠다.

이제현과 안축이 염두에 두었던 '색목과 같은 대우'는 '신분 상승' 요청이었을 수도 있고, 한인이나 남인과는 구별되는 범주로서 고려 '본속'의 범위를 보다 확고히 하고자 한 요청이었을 수도 있다. 그런데, 이제현이나 안축이 해결하고자 했던 '문제'는 앞의 내용이라면 더 말할 것도 없겠으나, 뒤의 내용이라고 하더라도 정도의 차이는 있겠지만 1330년대 말 이전에도 있었던 문제이다. 그럼에도 고려에 대한 '색목과 같은 대우'를 요청하는 내용의 글은 1339~1340년 사이에 작성된 이제현과 안축의 글 외에는 찾아볼 수 없다. 즉, 위 두 글의 배경을 고려 측의 '필요'에 중점을 두어 이해하고자 한다면 유독 이 시점에만 이러한 요청이 이루어진 이유를 이해하기 어렵다.

유독 이 시점에 이러한 요청이 이루어진 것은 그러한 요청을 가능하게 했던 '조건'이 이 시점에'만' 있었기 때문이라고 볼 수 있다. 그 '조건'은 곧 고려 출신 여성인 기황후가 황태자를 출산했다는 사실이라고 생각되는데, 이 사실은 당시의 고려-몽골 관계와 관련해서 매우 중요한 지점을 이야기해주고 있다.

고려왕실 vs. 황태자의 외가

이제현과 안축은 '색목인과 같이 대우해달라'는 요청의 근거로 크게 두 가지를 들었다. 안축의 글에서 이는 고려와 몽골 사이에 형성된 '친親—장인과 사위', '의義—군주와 신하' 관계로 압축된다. 구체적으로는 고려가 몽골에 여러 차례 특별한 공훈을 세워 대를 이어 황실과 통혼을 하게 된 일을 일컬으며, 그 연장선상에서 '성스러운 후사의 탄생'을 언급하고 있다. 이제현은 고려가 몽골에 대해 세운 공로를 좀 더 구체적으로 제시하고 있으나 기본적으로는 유사한 내용이다.

요컨대 이제현과 안축이 제시한 '색목인과 같이 대우해달라'는 요청의 근거는 ① 고려가 원에 큰 공을 세웠다는 점(태조 칭기즈칸 대와 세조 쿠빌라이 대), ② (고려국왕이) 쿠빌라이의 친딸과 혼인해서 부마가 되었다는 점, 그 연장선상에서 ③ (고려 출신 황후로부터) 황태자가 태어났다는 사실로 나누어 볼 수 있다. ①과 ②는 이미 오래전부터 양국 사이에 성립되어 있었던 사안들이며, ③은 이 표문들이 작성되었던 바로 그 시기의 사안이다.

이렇게 볼 때, 물론 이들이 '색목과 같은 대우'를 요청해야 할 '필요'가 이 시기를 즈음해서 '강화'된 측면이 있겠으나 결정적으로 이 시기에 이러한 유례없는 요청이 이루어진 데에는 이 세 번째 근거, 즉 고려 출신 황후가 황태자를 출산한 사안이 결정적인 '조건'으로 작용했다고 봐야 할 것이다. 여기에서 다시 짚어볼 지점은

①과 ②는 고려왕실과 몽골황실의 관계이며, ③은 기씨일가와 몽골황실의 관계라는 사실이다.

이러한 점은 이제현과 안축이 표문을 통해 해결하고자 했던 문제가 고려인의 '신분 상승'이었다고 한다면 더더욱 그러하거니와 고려의 '정체성' 문제였다고 하더라도 그러한 문제에 대한 해결책을 당시 상황에서 고려왕실－왕씨일가가 제시해줄 수 없었다는 점, 그러나 기씨일가를 통해서는 그것이 가능할 수도 있다고 안축과 이제현이, 고려의 신료들이 인식하고 있었음을 보여준다. 즉 고려가 몽골의 질서에 편입되어 있는 상황에서 고려왕실에 비해 몽골황실과 더 강한 연결고리를 갖고 있었던 기씨일가가 몽골과의 관계에서 고려왕실보다 더 큰 역할을 할 수 있다고, 혹은 그에 못지않은 위상을 갖는다고 인식되고 있었다는 것이다.

이제현과 안축은 모두 고려와 원의 관계가 어느 정도 안정된 시기에 태어나 정치 활동과 학문 활동을 했던 인물들이다. 이들은 몽골 복속기의 한복판을 살았으며 원에서도 활동했던 인물들이지만, 이들에게서 이른바 '부원'의 행적은 보이지 않는다. 오히려 이들은 '부원배'들의 정치적 행동에 대해 부정적인 인식과 행동을 보여준다. 예컨대, 이제현은 부원배가 일으킨 정치책동의 대표적 사례인 충숙왕 대의 입성책동과 관련해 그 불가함을 역설했으며, 안축은 원 제과에 합격했을 당시 부원배들의 무고로 원에 억류되어 있던 충숙왕을 위해 상소문을 올린 바 있다. 그렇다고 해서 이들이 원에 대해 부정적인 감정을 갖고 있었다고 보기도 어렵다. 이들은 원의 문화를 상대적으로 광범위하게 접하고 그 영향 속에서 정치활동을 했으나, 그들의 원에 대한 태도는 '부원'이나 '반원' 그 어느 하나로 설명할 수 없다.

즉, 이제현과 안축의 글에 보이는 위와 같은 인식은 당시 원에 대해 특별한 성향을 가진 고려인이 아닌, '일반적' 고려인들의 인식이었다. 이색李穡의 아버지인 이곡이 기황후의 아버지 기자오奇子敖의 행장行狀을 집필한 사실 또한 이 시기 고려인들의 기씨일가에 대한 인식이 딱히 부정적인 것만은 아니었음을 보여주는 사례라고 할 수 있다. 한편, 이 두 표문은 이제현과 안축이 지었지만 개인적인 글이 아닐 가능성도 있다. 고려 조정에서 보내는 표문을 이들이 작성한 것이었을 수 있는 것이다. 그렇다고 한다면 위와 같은 인식이 특정 개인이 아닌 고려 조정, 고려 신료들의 보다 보편적인 인식이었다는 점은 더 분명해질 것이다.

두 편의 글을 통해 이제현과 안축이 보여주는 몽골이나 기씨 일가에 대한 인식은 고려-몽골 관계 및 그와 연동된 고려의 정치·권력구조를 이해하는 데에, 나아가 그러한 인식을 가능하게 한 당시의 상황이 10여 년 후인 공민왕 대의 정국에서 갖는 의미를 이해하는 데에 중요한 시사점을 제공한다.

2 이 틀을 벗어나야 한다
― 공민왕이 당면한 현실

공민왕 5년(1356)에 있었던 일을 이해하기 위해서

고려시대의 국왕들 가운데 누구나 알 만한 왕을 꼽으라면 단연 태조 왕건과 공민왕일 것이다. 어느 왕조나 그 초대 왕이 중요하고 유명한 것은 당연한 일일 것이니 태조는 그렇다고 하고, 공민왕이 유명한 것은 역시나 재위 5년 차 되던 해(1356)에 단행한 이른바 '반원 개혁' 때문, 다시 말해 그가 한국사에 일제강점기 버금가는 민족 수난기를 안겨줬던 몽골과의 관계를 '청산'하기 위한 일련의 개혁 조처를 취한 왕이라는 점 때문일 것이다.

1356년 5월, 공민왕은 기철을 비롯한 기씨일가의 주요 인물들을 반역 도모라는 죄명으로 주살했고, 정동행성의 속사인 이문소를 혁파했다. 그리고 압록강 서쪽의 8개 참을 공격하고 쌍성총관부 지역을 공격하여 수복하라는 명을 내리는 한편, 만호萬戶·진무鎭撫·천호千戶·백호百戶 등 원의 군관직을 가진 자들의 패를 회수하도록 했다. 이어 6월에는 서북면병마사 인당印瑭의 부대가 압록강 서쪽의 3개 역참을 격파했고, 같은 달 원의 지정至正 연호 사용을 중지했으며 7월에는 관제 개편을 단행했다.

공민왕이 행한 이 일련의 '도발적' 조처들에 대해 알게 된 원에서는 양국의 국경 지대인 압록강까지 사신을 보내어 대군을 보낼 것이라 위협하며 질책했다. 그러나 동시에 압록강 서쪽 3개 역참을 공격한 주체에 대해 원에서는 고려 조정이 아닌 그 근방의 간사한 민들일 가능성을 염두에 두고 있음을 알리며 사안의 해결을 촉구하는 황제의 조서를 전달해 사태의 수습을 도모했다. 이에 공민왕 역시 해당 공격을 주도했던 서북면병마사 인당을 참수하는 한편, 자신이 행한 조처들, 특히 기철 등을 주살한 것에 대한 변명과 미리 보고하지 못한 것에 대한 사죄, 변경의 소란에 대한 자체적 처리 계획 등의 내용을 담은 표문을 보내어 원과의 관계를 수습하고자 했다.

이후 같은 해 10월, 원에서는 기철을 처형한 사안에 대해 유감을 표명하면서 재발 방지를 당부하고 잘못을 용서하는 조서를 다시 보내어 왔고, 고려 측에서도 이에 사례하는 한편 원과의 관계에서 재조정이 필요하다고 판단되는 사안들을 요청했다. 그 요청대부분이 수용되었고, 1356년에 발생한 일련의 역사적 사건은 일단 일단락되었다. 이른바 '반원 개혁'의 경과이다.

공민왕이 이 시점에 이러한 일련의 조처를 취한 배경 혹은 동인으로는 일반적으로 장기간 원의 '간섭'을 받으며 형성된 자주적 역사의식과 이 시기 원의 혼란상 혹은 쇠퇴상이 이야기된다. 즉, 원의 정치적 간섭을 받는 상황에서 축적되어 있던 원에 대한 반감과 자주의식이 원 본토에서 반란이 발생하고 정치적으로 혼란해진 상황을 틈타 이른바 '반원 개혁'의 형태로 표출되었다는 것이다. 특히 공민왕은 왕위에 오르기 전 장기간 원에서 케식 생활을 했고 원의 개입으로 왕위 계승이 두 차례나 불발되었기 때문에 원에 대한 반감이나 원의 상황에 대한 인식이 더 강하고 깊었을 것으로 볼 수도 있겠다.

가능성이 없는 이야기는 아니지만, 1356년에 행해진 일련의 조처를 '반원·자주적 역사의식'을 바탕으로 한 사건으로 이해하는 것은 결과론적인 해석일 뿐, 이를 통해 그 배경이 '설명'되지는 않는다고 생각된다. 우선 그 배경으로 이야기되는 몽골의 '간섭'이나 '압제'는 이 시기에 국한된 현상이 아니었다. 물론 그러한 '간섭'이 점차 강화되었고, 그에 따라 '반원·자주적 역사의식'도 강화되어 축적된 반감과 저항의식도 점차 그 한계량을 초과할 정도가 되었을 수 있다. 그러나 간섭과 그에 대한 저항의식의 '강화'라는 것은 상대적인 개념이다. 따라서 어느 정도 간섭과 압제가 강화되고 반원·자주의식이 강화되고 축적되면 '반원 개혁'과 같은 것이 발생할 수 있는 것인지를 '설명'하기는 쉽지 않다.

공민왕의 '반원 개혁'을 가능하게 했던 정세적 배경으로 원의 쇠퇴를 이야기하는 것 또한 마찬가지이다. 당시 원 내부 상황이 혼란했던 것은 사실이며 그러한 상황이 공민왕이 일련의 개혁을 단행할 수 있는 정세적 배경을 형성해주었음도 사실이다. 그러나 당시의 시점에서 공민왕이 파악한 몽골의 혼란상을 그가 '반원 개혁'을 시도해도 좋을 정도의 '쇠퇴상'으로 해석하는 것 역시 이후의 상황을 염두에 둔 결과론적인 해석이 될 수밖에 없다.

이 개혁의 배경 혹은 발단을 이해하기 위해서는 이 사건이 공민왕 대 초반의 정치·권력구조 속에서 발생한 정치적 사건이었다는 점에 주목할 필요가 있다. 다시 말해, 1356년 개혁을 포함해 그 재위 초반에 보이는 일련의 행위들이 보여주는 '도발성' 혹은 '반원적 지향'은 이 개혁을 가능하게 한 적극적인 동인이었다기보다는, 몽골 복속기 권력구조의 특징과 그 안에서의 국왕 위상 변화가 기씨일가의 존재로 인해 극대화하여 드러난 공민왕 대 초반의 상황 속에서 생겨난 결과적인 요소였다는 점을 이해할 때, 공민왕 초반에 행해진 여러 조처의 맥락을 보다 잘 이해할 수 있을 것이다.

공민왕이 즉위하기까지

1351년, 원에서는 충정왕을 폐위시키고 원에서 케식 생활 중이던 왕기王祺를 고려국왕위에 오르게 했다. 왕기는 충숙왕의 아들이자 충혜왕의 동생이며 충정왕의 삼촌인 공민왕이다. 왕기는 1341년에 황실의 케식 생활을 시작했다. 충혜왕이 원에서 국왕위 계승을 인정받고 고려에 돌아왔으나 그 아들은 케식으로 활동하기에 아직 어렸기 때문이다. 이때 사람들이 왕기를 '대원자大元子'라 불렀다는 이야기는 당시 고려인들이 왕기에 건 기대의 크기를 보여준다. 그러나 충혜왕이 사망한 후에는 충혜왕과 덕녕공주 소생인 충목왕이, 충목왕이 사망한 후에는 충혜왕의 또 다른 아들 충정왕이 국왕위에 올랐다. 얼마 지나지 않아, 왕기는 스스로의 노력과 많은 이들의 지원으로 고려국왕위에 오르게 된다.

충정왕이 즉위한 후인 1349년(충정왕 원년) 10월, 왕기는 위왕 볼라드테무르의 딸인 부다시리寶塔失里 공주노국대장공주와 혼인했다. 황실의 부마가 되거나 케식에 참여하는 것이 고려국왕이 되기 위한 필수 요건은 아니었지만 도움이 되는 요건이었으므로, 충목왕과 충정왕이 어린 나이에 즉위하게 되면서 갖추지 못했던 케식 참여와 황실과의 통혼이라는 요건을 모두 확보하고자 한 것이었다고 생각된다.

이때 왕기가 케식 생활을 한 곳이 기황후의 아들 황태자 아유르시리다라의 정무기관인 단본당端本堂이었다는 사실이 주목된다. 충혜왕이 폐위되는 과정에서 고려에 왔던 사신 고용보가 기황후의 세력이기도 했거니와, 충혜왕이 사망한 후 덕녕공주가 정동행성의 업무를 임시로 왕후王煦와 기철에게 맡겼고, 어린 충목왕을 혜종에게 보인 것 역시 고용보였다는 사실 등은 당시 기황후의 세력이 고려국왕위 문제에 영향을 미칠 수 있을 정도로 성장해 있었음을 보여준다.

또한 기씨일가는 애초에 한미한 집안은 아니었지만, 특히 기황후가 책봉된 후에는 그 구성원들이 고려의 유수한 가문들과 통혼하면서 급성장했다. 기철의 딸은 왕후의 아들인 왕중귀王重貴와 결혼했고, 기철의 조카 기인걸은 이제현의 손녀와 혼인했다. 왕후는 정승 권보權溥의 아들로 충선왕의 양자로 입적되어 왕씨 성과 이름을 하사받은 인물이다. 이러한 가운데, 이후 충정왕을 폐위하고 공민왕을 즉위시킨다는 조서를 전달한 사신이 기씨 집안 사람이라는 사실은 공민왕이 즉위하는 과정에서 기황후 세력이 영향력을 행사했을 가능성을 엿보게 한다.

공민왕은 고려 신료들의 지지도 받고 있었다. 충목왕이 사망했을 당시 왕후, 이곡, 이승로, 윤택 등 다수의 고려 신료들이 원 조정에 직접 상서문을 보내어 왕기의 고려국왕위 계승을 요청했다. 이들은 당시 고려의 정치, 사회 전반에 개혁이 필요하지만 어린 국왕이 즉위한 가운데 그러한 개혁이 제대로 된 방향성을 찾기 쉽지 않은 상황을 고려해 공민왕을 추대했던 것으로 보인다. 특히 충정왕은 나이가 어리기도 했거니와 몽골 공주의 아들도 아니었으며, 그의 배경 세력에 충목왕 대 정치도감이 중심이 되어 실시한 개혁 당시에 개혁의 대상이 되었던 인물이 다수 포진하고 있었다는 점은 고려 신료들이 공민왕을 지지한 배경을 이해하는 데에 중요한 부분이다.

마지막으로, 공민왕이 즉위하기까지 그를 지지하며 핵심적인 역할을 했던 세력으로 그의 수종 신료들을 빼놓을 수 없다. 이들은 왕기가 원으로 가서 케식 생활을 시작할 때부터 그와 함께 했던 자들이다. 아래의 인용문은 그러한 수종 신료들 가운데 대표적 인물인 조일신趙日新과 공민왕의 대화로, 이들이 원에 있으면서 공민왕의 즉위를 위해 어떤 일을 했는지 잘 보여준다.

> 조일신이 계啓하여 이르기를, "전하께서 환국하실 때, 원 조정의 권신權臣과 행신幸臣으로 우리와 혼인 관계가 있는 자들이 그 일족에게 관직을 줄 것을 요청했으니, 이미 상上께도 부탁드렸고, 신에게도 부탁했습니다. 지금 전리사典理司와 군부사軍簿司로 하여금 전선銓選을 주관하게 하시니, 유사有司가 법문에 구애되어 막히고 지체되는 바가 많을까 두렵습니다. 청하건대 정방政房을 다시 두시어 안으로부터 [관직을] 임명하도록 하십시오"라고 했다. 왕이 말하기를, "이미 옛 제도를 복구했는데, 얼마 되지 않아서 중간에 변경을 하면 반드시 다른 사람의 웃음거리가 될 것이다. 경이 부탁 받은 바를 나에게 보고하여, 내가 선사選司에 이야기하면, 누가 감히 따르지 않겠는가"라고 했다. 조일신이 화를 내면서 말하기를,

"신의 말씀을 따르지 않으시니, 무슨 면목으로 원 조정의 사대부를 다시 보시겠습니까"라고 했다. 마침내 사직했다.

『고려사절요』 권26, 공민왕 원년(1352) 3월

위 대화는 공민왕이 즉위 후 정방을 혁파하고 전리사와 군부사, 즉 이전의 명칭으로 하자면 이부와 병부를 통해 인사를 처리하게 하자, 조일신이 그럴 경우 자신들이 원에 있으면서 받은 인사 청탁을 원활하게 처리할 수 없음을 들어 정방을 복구할 것을 요구하고 있는 내용이다. 이는 당시 원의 고관들 가운데 그 일족이 고려에 있는 자들이 적지 않았음을 보여주는 동시에, 공민왕과 조일신 등이 고려에 있는 그 일족의 관직을 약속하며 그들에게 공민왕의 즉위를 위해 황제나 황후의 뜻을 움직이는 데에 힘을 더해줄 것을 요청했음을 보여준다.

수종 신료들은 왕기와 함께 원에서 장기간 케식 생활을 하면서 그의 즉위를 위한 각종 정치활동을 함께 구상하고 도모했던 자들이므로, 공민왕과 밀착되어 있을 수밖에 없었다. 그러나 한편으로 이들이 왕기를 위해 일한 것은 순수하게 왕기, 즉 공민왕을 위한 것이었다기보다는 그가 즉위한 후에 자신들이 누릴 수 있는 권세를 위한 측면이 컸다.

요컨대 공민왕은 각기 지향을 달리하는 세 부류의 정치세력의 도움을 받아 국왕위에 올랐다. 이들은 공민왕을 고려국왕위에 세운다는 목표까지는 함께 했지만, 국왕위에 오른 공민왕에게 기대하는 바는 각기 달랐고, 이는 즉위 후 공민왕이 해결해야 할 당면과제가 되었다.

공민왕에게 기씨일가는?

왕이 장차 행성에 행차하여 성절聖節을 하례하려 하는데, 원사院使 기원奇轅이 말을 나란히 해서 이야기하고자 하니, 왕이 위사衛士에게 명하여 앞뒤로 나누어 호위하도록 하여 [그가] 가까이 오지 못하게 했다.

『고려사절요』 권26, 공민왕 원년(1352) 4월

원에서 왕에게 공신호를 하사하여, 친인보의선력봉국창혜정원親仁保義宣力奉國彰惠靖遠이라고 했다. 평장 기철이 시를 올려서 하례했는데, 신臣이라고 칭하지 않았다.

『고려사절요』 권26, 공민왕 5년(1356) 2월

위 기록들은 공민왕이 즉위한 후 기씨일가의 구성원들이 공민왕과 대등한 관계를 형성하려는 경향을 보인 대표적 사례이다. 이들의 행동에 대한 사료의 기술은 기씨일가 주살을 주로 하는 1356년 개혁에 앞서 그들의 하극상을 강조하기 위한 것으로 보이기도 한다.

위 사례 가운데 기철이 공민왕에게 신하를 칭하지 않았다는 것은 공민왕으로서는 하극상으로 느낄 수 있는 일이었다. 고려인은 곧 고려국왕의 신민臣民이라고 할 수 있으며, 기철은 이전에 고려에서 정승직을 받기도 했으니 말이다. 그러나 당시 기철은 요양행성 평장정사로서 고려의 관직을 갖고 있지 않았고, 그의 행위는 현실적인 관직체계상 양자 간 관계에 근거하고 있었기 때문에 공민왕은 기철 등의 행위에 적절히 대응하기 어려웠다.

기철 등 기씨일가 이전에도 충렬왕 대의 홍차구와 같이 황제의 신하로서 고려국왕에게 신하로서의 예를 취하지 않은 고려인은 있었다. 그러나 공민왕은 즉위 과정에서 기황후 측의 도움을 받았고, 기씨일가가 황후의 일가라는 점에서 그들의 득세는 단순한 부원 세력 이상의 의미로 공민왕의 국왕권에 부담을 주었다.

몽골이 다른 정치집단과 관계를 형성할 때 그 수장의 가문과 가문 대 가문으로 관계를 형성했고, 그러한 관계 형성의 대표적 수단이 통혼이었음은 앞서 살펴보았다. 고려·고려왕실과 몽골·몽골황실의 관계도 유사하여 양자 간의 통혼관계는 몽골이 고려와의 관계에서 선택한 가문이, 그래서 고려 내에서 몽골황실·황제권에 가장 근접해 있는 존재가 고려왕실이었음을 반복적이고 지속적으로 확인시켜주는 것이었다. 이러한 고려-몽골 관계의 구조 속에서 볼 때, 기황후의 등장과 태자의 출생을 시작으로 한 기씨일가의 등장은 고려왕실과 몽골황실 간에 성립, 유지되었던 관계의 구도에 또 하나의 가문이 끼어들어 온 양상이었다고 할 수 있다. 더욱이 황제와의 관계는 기씨일가가 고려왕실보다 더 가까웠다.

한편, 기씨일가의 전횡은 공민왕의 국정운영에도 장애가 되었다. 우선 공민왕 대 초 기씨일가의 관직 진출이 두드러진다. 1354년(공민왕 3) 4월의 인사에서 기륜奇輪은 찬성사에, 기완자불화奇完者不花는 삼사좌사에 임명되었다. 나아가 기씨 세력은 인사에 개입해 자신들의 당여黨與, 같은 편에 속하는 사람들에게 관직을 제수하도록 하기도 했다. 공민왕이 1356년에 기철 등을 주살한 후 내린 교서에서 "기철 등이 국왕을 능가하는 위세를 부리며 국법을 어지럽혀 관리의 선발과 이동이 그의 희노喜怒에 따르고 정령政令이 그에 따라 신축되었다"라 한 것은 기철 등을 주살한 자신의 행위를 정당화하기 위한 이야기였을 수 있지만, 사실과 크게 다르지 않은 것이었다고 봐도 좋을 것이다.

또한 이 시기에는 고려의 권신들 가운데 권겸權謙이 딸을 몽골 황태자, 즉 기황후의 아들인 아유르시리다라의 비妃로 들이고 노책盧頙이 딸을 혜종 토곤테무르에게 바치는 등 몽골황실과 관계를 맺으면서 기씨일가를 중심으로 결집해 있기도 했다. 고려의 일반 신료들이 몽골과의 관계 속에서 기씨일가의 역할을 고려왕실 못지않은, 혹은 그보다 우위에 있는 것으로 인식했음은 앞서 「걸비색목표」와 「청동색목표」를 통해 본 바와 같다.

위와 같은 기씨일가 구성원들의 동향과 더불어, 원 승상 톡토脫脫의 실각 역시 1356년 개혁의 배경으로서 즉위 초의 공민왕에게 기씨일가의 존재가 가졌던 의미를 보여주는 사례이다. 당시 한인 군웅들의 반란과 세력 형성 양상이 심화되자, 원 조정에서는 승상 톡토로 하여금 대군을 거느리고 가서 그 대표격인 고우성高郵城의 장사성張士誠을 토벌하도록 했다. 그러나 진군 도중 원 조정에서 톡토에 대한 참소가 발생해 톡토가 실각했고, 이러한 와중에 고우성 공략 역시 실패로 돌아가게 되었다. 1354년의 일이었다. 이 원정에는 고려군 또한 참여하고 있었기 때문에 이 소식은 곧 공민왕에게도 전해졌다. 톡토가 실각했다는 소식은 물론 원의 상황이 일시 더욱 혼란해질 것임을 예상할 수 있게 해주었겠지만, 이 소식은 다른 의미에서 공민왕에게 중요한 사실을 전해주었다. 이는 톡토와 기황후 및 황태자의 관계와 관련된다.

톡토가 실각하게 된 것은 그에게 원한을 품은 카마哈麻가 기황후에게 한 참소 때문이었다. 그 참소의 내용은 황태자 책보冊寶가 늦어지고 있는 것이 톡토 때문이라는 것이었다. 황태자를 세우는 데에는 일단 그를 '황태자로 삼고'난 후, 그를 '황태자로 책봉'하는 과정이 필요한데 톡토가 반대하여 두 번째 단계가 행해지지 않고 있다는 것이다. 그런데 이는 카마가 없는 이야기를 지어낸 것은 아니었다. 아유르시리다라가 6살이 될 때까지 톡토의 집에서 자랐던 것이나 톡토가 황태자의 단본당 업무를 담당했던 것 등을 보면 톡토는 기황후 및 황태자와 우호적인 관계를 유지했던 것으로 보인다. 그러나 톡토는 황태자 책보 문제에 대해서는 쿵크라트 정궁正宮의 아들이 있다는 이유로 수차례 반대 입장을 표명했고, 이는 기황후를 불편하게 했다. 그리고 이러한 기황후와 톡토 사이의 불편한 지점을 파고든 카마의 참소는 결국 톡토의 실각으로 이어졌다.

이렇게 볼 때, 공민왕에게 톡토의 실각은 단지 원의 세력 약화와 혼란상을 예상하게 해주는 것 이상으로, 특히 황태자의 지위 문제와 관련해서 톡토와 갈등 관계에 있던 기황후와 황태자의 세력이 강화될 것에 대한 예고이기도 했다. 실제 톡토가 실각한 이듬해인 1355년 3월에 황태자 책봉이 이루어졌고 톡토 파면에 앞장섰던 카마와 그 동생 설설雪雪의 활약도 눈에 띄게 나타나기 시작했다. 급기야 1356년 정월에는 황태자에 대한 선위 시도가 이루어졌다. 성공하지는 못했지만 말이다.

더욱이 톡토의 실각이 고려에 전해졌던 시기는 고려 내에서 기씨일가의 입지가 매우 강화되고 있던 시기였다. 1352년(공민왕 원년), 조일신은 기씨 형제를 죽이기 위해 난을 일으켰다가 처형되었다. 이 난이 실패로 돌아가면서 기씨일가의 고려 내 입지가 더욱 강화되고 공민왕의 입지가 상대적으로 약화되었음은 분명해 보인다. 우선 고려에서는 이전까지의 관례를 깨고, 1353년 5월부터 몽골 황후, 즉 기황후의 탄일誕日인 천추절千秋節을 축하하기 위한 사신을 보내어 예물을 바치기 시작했다. 또한 조일신 난 이후 공민왕은 직접 기황후의 모친인 영안왕부인榮安王夫人 이씨의 집을 찾아가고 그를 위해 몽골에 직접 요청하여 잔치를 베풀기도 했는데 이 잔치에서의 자리 배치가 주목된다.

일반적으로 남쪽을 향해 앉거나 서는 남면南面이 군주의 자리, 따라서 북쪽에 있는 군주를 향해 서는 북면北面은 신하의 자리가 된다. 양자 사이에 상하관계가 설정되지 않는 경우에는 주인과 손님의 자리에 앉거나 서게 되는데, 주인은 동쪽에서 서쪽을 향하는 서면西面, 손님은 그를 향해 서쪽에서 동쪽을 향하는 동면東面으로 자리했다.

정황을 알 수 있는 잔치는 두 사례, 1353년과 1355년의 잔치이다. 1353년의 잔치에서는 이씨에게 잔치를 베풀어주기 위해 사신으로 온 만만巒巒 태자와 노국대장공주가 남면, 왕은 동면, 이씨는 서면해서 앉았다. 잔치의 주인이 이씨였기 때문에 그가 주인으로서 서면하고 공민왕이 동면한 것이다. 1355년의 잔치에서는 공주나 태자는 보이지 않고 왕과 이씨가 함께 남면해서 앉았는데, 이는 기황후의 모친인 이씨가 고려국왕의 신하 위치에 있지 않음을 의례를 통해 가시적으로 드러내주는 것이었다는 점에서 주목된다. 더불어 이는 앞서 살펴본 공민왕 대 초 기철 등의 행위가 공민왕의 국왕권에 대해 갖는 의미를 재확인시켜준다.

왕권 강화와 정치 개혁 사이에서

> 보허普虛가 … 또 말하기를, "임금께서 사악한 자를 버리고 올바른 자를 기용하신다면 나라를 통치하는 것은 어렵지 않을 것입니다"라고 했다. 왕이 말하기를, "내가 누가 사악하고 올바른지를 모르는 바는 아니나 다만 그들이 원에서 나를 시종하여 모두 근면하게 노력한 것을 생각해서 함부로 내치지 못할 뿐이오"라고 했다.
>
> 『고려사』 권38, 공민왕 원년(1352) 5월

즉위 후 기씨일가와의 관계에서 압박을 받고 있던 공민왕에게 국내 정치세력과의 관계 또한 수월하지는 않았다. 위의 대화는 보허, 즉 고려 말의 대표적 승려인 태고보우와 공민왕의 대화로 보허는 공민왕에게 '사악한 자'를 버릴 것을 조언했으나, 공민왕은 그들이 자신을 '원에서 시종'했기 때문에 내칠 수 없음을 이야기했다. 공민왕이 장기간 원에서 케식 생활을 할 때 함께 하고 공민왕 즉위 후 공신으로 책봉되어 주요 관직에 임명되었던 자들에 대한 이야기이다.

공민왕이 이들을 '사악한 자'로 인지하면서도 내치지 못했던 데에는 그들이 원에서 세운 공로, 즉 자신을 즉위시키기 위해 노력한 공로가 큰 부분을 차지했지만, 현재 공민왕이 군사적 측면에서 그들에게 의지하고 있었던 상황도 영향을 미치고 있었다. 몽골과의 관계 속에서 고려의 정규군이 사실상 유명무실해지고 국왕이 그 무력적 기반을 '사병적' 군사력에 의존해야 하는 상황에서 수종공신을 중심으로 한 측근 세력은 그 중요한 기반이 되고 있었다. 그러나 이들의 공민왕에 대한 충성은 자신들의 권세나 이익을 위한 것이라는 측면에 방점이 찍혀 있었기 때문에 그 충성도가 아주 높지는 않았다. 더욱이 이들은 몽골의 질서에 익숙했던 자들이었으므로, 이들에게 고려국왕-공민왕은 현재 권력을 행사하기 위해 충성하지만 언제든 몽골의 권위에 기반해서 교체될 수 있는 존재였다.

이들은 공민왕의 외척과 함께 1356년 개혁 과정에서 중요한 역할을 담당했다. 장기간 공민왕에 밀착해 있었고 공민왕의 군사적 기반이 되었으며, 명분보다는 현재의 권력 행사를 중시하는 이들의 성향과 관련이 있을 것이다. 그러나 수종 신료들 가운데 일부는 이 개혁의 과정에 참여하지 않거나 오히려 기철의 당으로 몰려 처벌당하기도 했다. 이는 이들이 고려국왕권보다 몽골황제권을 우선시한 성향과 관련되었던 것으로 보인다. 공민왕이 많은 부분을 의존하고 있었던 수종공신들의 이러한 성향과 동향은 즉위 초 공민왕의 국왕권이 당면했던 현실을 잘 보여준다.

한편, 공민왕은 왕위에 오르기 전부터 고려 국내 신료들의 지지를 받고 있었다. 살펴본 바와 같이 이들의 공민왕 지지는 그가 이루어낼 정치 개혁에 대한 기대에 바탕을 두고 있었다. 이들이 원하는 개혁의 핵심 내용은 공정한 인사를 방해하는 정방을 혁파하고, 권문이 탈점한 녹과전을 조사하여 바로잡는 한편으로 일반 관료들의 녹과전을 확보할 수 있도록 하자는 것으로 관료체제의 안정을 궁극적 목표로 하는 것이었다. 이의 해결을 위해서는 권문은 물론 국왕 및 국왕 측근 세력 등이 의한 불법적 정치운영과 경제기반 축적을 부정하고 원칙을 준수할 제도적 장치를 마련해야 했으나, 공민왕의 개혁은 이와는 다른 방향으로 이루어졌다.

공민왕은 즉위 직후인 1352년(공민왕 원년) 정방을 혁파하고 전민변정도감을 설치하면서 즉위교서를 반포해 국왕권 강화와 정치기강 확립을 골자로 하는 개혁안을 발표했던 것은 공민왕의 고려 내정에 대한 문제의식과 해결 의지를 보여주는 것이었다. 다만 이때의 개혁은 앞 시기 정치도감의 개혁이 정동행성 및 부원 세력의 불법적 관행 및 불법행위를 공개적으로 거론했던 것과는 차이를 보였다. 이는 정치도감의 활동이 결국 기씨일가를 중심으로 하는 부원 세력의 존재로 인해 실패한 경험과 공민왕의 즉위가 상당 부분 그들의 지원에 기반하고 있었던 점에 기인한 것이었다. 그러나 정방 혁파로 대변되는 인사의 공정성 확보나 전민변정사업과 같은 것들은 그것이 부원 세력을 공개적 표적으로 삼지 않더라도 결국 그들의 벽에 부딪힐 수밖에 없는 것이었다. 이러한 점은 수종 신료를 중심으로 한 국왕 측근 세력에 대해서도 마찬가지이다.

그러나 즉위 초의 공민왕은 측근 세력도, 부원 세력도 안고 갈 수밖에 없었다. 이에 1352년의 개혁은 그 의지는 보일 수 있었으되 결과를 보이기는 어려웠다. 즉위 초 공민왕의 개혁은 정치의 공공성 회복을 추구하면서도 국왕권 문제에 보다 치중할 수밖에 없었기 때문이다. 공민왕이 정방을 혁파하고 몇 개월 후 은근슬쩍 복구했던 사실은 이러한 현실을 잘 보여준다. 이러한 현실에 공민왕을 추대했던 유신들은 실망감을 표했다. 이색은 1352년, 유명한 복중상서服中上書를 통해 공민왕 즉위 후에도 어진 인물이 등용되지 못하고 간사한 자들을 다 제거되지 못했으며, 한 가지 정책도 행해지지 못했음을 지적했다. 윤택尹澤 역시 비슷한 시기 시사時事를 상소했다가 받아들여지지 않자 사직했다.

한편, 이 시기 유신 세력에게서 원을 극복하고자 하는 의지가 확인되지 않는다는 사실 또한 이들이 공민왕과의 관계에서 갈등을 보인 요인이 되었다. 이들은 몽골을 '화華'로 인정하고 그에 대한 사대를 합리화하고 있었다. 이런 상황에서 유신 세력들은 고려의 정치에서 몽골황제권을 배제하는 방식으로, 혹은 황후의 일가에 대한 물리적 공격이라는 방식으로 이루어진 1356년 개혁에 공감할 수 없었을 것으로 보인다. 몽골에 대한 사대를 합리화하고 있고, 명분을 중시했던 유신들에게 그러한 방식의 개혁은 정변으로서의 성격을 가진 것이었기 때문이다.

그러나 당시 상황에서 국왕권의 확립 및 그를 바탕으로 한 내정 개혁은 몽골의 질서를 벗어나지 않고는 근본적으로 해결되기 어려운 측면이 있었다. 정치도감의 개혁 당시부터 개혁에 장애가 되었던 기씨일가 등 부원 세력은 이전 시기 부원 세력과는 달리 몽골황실과의 통혼을 통해, 그리고 황태자의 존재를 통해 몽골황제권과 직결된 존재들이었기 때문이다. 그러나 이 시기 유신 세력들에게는 몽골을 극복하고자 하는 의지가 없었고, 이에 이들은 즉위 초 공민왕의 국왕권에 적극적인 지지기반이 되지 못했으며 이후 1356년 개혁 과정에서도 사실상 태제되기에 이르렀다.

계획된 우발적 도발, '반원 개혁'

우리 환조桓祖(이자춘: 필자주)가 조정에 들어오니 왕이 말하기를, "완고한 백성을 어루만지고 편안하게 하니, 또한 수고롭지 않은가"라고 했다. 이때 기씨의 족이 황후의 세력에 기대어 횡포하니, <u>어떤 사람이 밀고하여 기철이 쌍성의 반란민과 몰래 통해 당을 결성하고 반역을 꾀하고 있다고 했다</u>. 왕이 환조에게 타일러 말하기를, "경은 마땅히 돌아가서 나의 민을 진무하고, 만약 변란이 있거든 마땅히 나의 명령대로 하라"라고 했다.

『고려사절요』 권26, 공민왕 5년(1356) 3월

개혁이 단행되기 직전인 1356년 3월, 이자춘이 공민왕에게 쌍성 지역의 반란민과 기철이 함께 반역을 꾀한다는 밀고가 있음을 전했다. 실제 이러한 움직임이 있었는지 여부는 이후에도 밝혀지지 않았지만, 이러한 밀고가 이루어진 시점이 고려 내에서 기씨일가의 입지가 강화되고 있던 시점이었다는 사실이 유의할 만하다. 즉, 당시 상황에서 기철의 역모에 대한 밀고는 그 사실 여부와 무관하게 일단 공민왕에게 상당한 압박감을 주었을 것이다. 더욱이 공민왕은 기철 등이 제기한 입성 논의의 여파로 충혜왕이 폐위되는 상황을 보았고, 공민왕 초 기씨일가의 정치적 입지는 충혜왕 대의 그것에 비해 한층 강화된 상황이었다. 바로 직전인 같은 해 정월에는 실패로 돌아가기는 했지만 황태자에 대한 선위 시도도 있었으니, 아마도 공민왕은 기철의 반역에 대한 소식을 접한 후 다소 우발적으로 기씨일가 주살을 시작으로 하는 일련의 조처들을 취했던 것으로 보인다. 그러나 '우발적'이라고 해서 그야말로 사전에 아무런 구상이나 계획 없이 이러한 조처들을 행했다는 것은 아니다. 이 시점에서 공민왕을 압박했던 문제는 기철의 반역 도모, 그 이상의 문제였기 때문이다.

공민왕은 즉위 직후인 원년 정월, "변발과 호복은 선왕의 제도가 아닙니다"라는 이연종李衍宗의 조언을 받아들여 그간 유지해오던 변발과 호복 착용을 그만두었다. 이를 두고 1356년의 '반원 개혁'에 앞서 공민왕이 '반원·자주의식'을 표출한 사례로 이야기하기도 하지만, 몽골의 힘을 빌어 충정왕을 폐위시키고 즉위한 공민왕이 즉위 직후에 이런 구체적인 행위를 통해 자신의 '반원·자주의식'을 적극적으로 내보였다고 보기는 어려울 듯하다.

고려에서 변발과 호복을 한 것은 충렬왕 대에 시작된 것으로,

〈천산대렵도〉 공민왕이 그린 것으로 전해지는 그림이다. 고구려 벽화에 자주 보이는 수렵도를 연상시키는 한편으로, 힘차게 말을 달리고 있는 인물이 몽골식 머리모양인 변발을 하고 있는 점이 눈에 띈다. (국립박물관 소장)

이는 무신집권자에 의해 폐위된 원종을 복위시키는 과정에서 몽골황제권에 적극적으로 기반하게 된 고려국왕권의 변화한 위상을 내보이기 위한 정치적 행위였다. 즉, 변발과 호복은 고려국왕과 신료들이 변발과 호복을 하고 몽골황실을 정점으로 하는 하나의 질서 안에 실질적으로 포함되었음을, 고려 내에서는 그 정점에 가장 가깝게 다가가 있었던 국왕의 권위 역시 고려 내에서는 최고임을 지속적으로 상호 인지할 수 있게 하는 장치였고 당시 시점에서 고려국왕의 필요에 따라 행해진 것이었다.

그런데 즉위 후의 공민왕은 몽골의 권위에 기대어 국왕권을 구축하는 것이 더는 유효하지 않은 상황에 직면하게 되었다. 기존에는 고려왕실만이 형성하고 있었던 몽골황실과의 '특별한 관계'라는 영역에 기씨일가라는 새로운 가문이 들어오게 되었으며, 이들 가문의 위상은 몽골의 질서에서만 이야기한다면 고려왕실보다 우위에 있었다. 공민왕은 몽골의 질서와 권위를 강조하는 방법을 통해서는 고려왕실·고려국왕의 고려 내 최고권으로서의 위상을 드러낼 수 없는 오히려 그를 통해 기씨일가의 우위를 강조하게 되는 딜레마에 처하게 된 것이다.

공민왕이 즉위 직후 변발과 호복을 해제한 행위가 갖는 의미는 그가 비슷한 시기에 행한 다른 조처들을 통해서도 파악할 수 있다. 공민왕은 태조와 종묘 등에 관심을 보이고 강조했는데, 이를 공민왕이 태조진전을 배알한 양상을 통해 살펴보도록 하자.

태조 왕건의 동상과 그를 안치한 봉은사 태조진전은 건국시조로서 왕통王統의 근원이 되는 권위의 상징이었다. 몽골 복속기에 들어와 충렬왕이 즉위 초 4년간 연평균 1.5회 봉은사 태조진전을 방문한 이후 충렬왕 대에도 국왕의 태조진전 방문 횟수가 줄어들었지만, 충선왕~충숙왕 대 국왕이 국내에 부재한 기간이 길어지는 상황과 맞물리며 국왕들의 태조진전 행차는 급격히 줄어들어, 충정왕 대에는 단 한 차례도 태조진전 행차가 이루어지지 않았다. 그러한 가운데 공민왕은 즉위 후 개혁이 단행된 1356년 5월 이전까지 4년이 채 되지 않는 기간 동안 봉은사 태조진전에 9차례 행차했다. 이외에도 태묘에 대한 제사, 그 제사를 왕이 직접 지낸 친제親祭 기사 역시 공민왕 대에 특히 더 빈번하게 보인다. 이러한 양상은 공민왕이 그간 고려국왕권의 상당 부분을 구성해온 몽골의 권위에 더 이상 기댈 수 없게 된 상황에서, 다른 가문이 개입할 여지가 없는 고려왕실 자체의 질서인 태조의 권위에 기대어 국왕권 재구축을 시도하고자 했음을 보여준다. 이미 즉위 직후부터 말이다.

이러한 와중에 톡토의 실각 소식이 전해지고 황태자 책보 및 선위 시도 등이 이루어지자, 공민왕은 보다 분명하게 몽골 복속기의 권력구조에서 벗어나야 할 필요성을 인지하고 그 방안을 구체화했던 것으로 보인다. 1355년 2월, 전라도 안렴사 정지상鄭之祥이 물의를 일으킨 몽골의 어향사御香使 야사불화埜思不花를 가두고는,

"나라에서는 이미 기씨일당을 주멸하고 다시는 원을 섬기지 않기로 했다"라고 했다는 일화는 사료상에는 그가 "속여 말했다"라고 되어 있지만, 이미 이 시점에 그러한 구상이 이루어지고 있었거나 혹은 당시의 정국에서 이러한 것이 필요하다는 인식이 있었음을 보여준다. 야사불화는 고려인으로서 몽골에 가 혜종의 총애를 받았던 인물로, 이때 고려에 어향사로 와서 가는 곳마다 지방관들을 모욕하며 횡포를 부리던 중 전라도에 이르러 위와 같은 일이 발생하게 되었다고 한다.

황후와 황태자의 일가로서 황제권과 직결되어 있던 기씨일가의 존재는, 고려왕실·국왕권의 상대화한 모습을 일종의 경쟁자로서 명확하게 대내·외적으로 확인시켜주면서 공민왕의 권위를 손상시키는 동시에 공민왕의 국정운영을 방해하는 존재였다. 이는 본질적으로는 몽골황제권과의 관계를 통해 고려 내의 권력 중심이 다원적으로 발생할 수 있었던 이 시기 권력구조의 문제였다. 또한 기씨일가는 황후의 일가였기에, 고려의 정치에서 이들을 '제거'하는 것은 단지 특정한 정치세력을 제거하는 데에 그치지 않고 결국 몽골과의 관계 재편으로 이어질 수밖에 없었다.

살펴본 바와 같이, 1356년의 개혁은 몽골과의 관계 속에서 축적된 '반원·자주의식'을 동인으로 발생한 사건이라고 하기는 어렵다. 그러나 몽골과의 관계 속에서 구성된 권력구조로부터 고려 국왕권이 제약받는 측면이 극대화하여 드러나게 되면서, 그 관계와 권력구조에서 벗어날 것을 도모한 것이었다는 점에서 '반원적 지향'을 갖는 것이었다고 할 수 있다. 이러한 공민왕 대 개혁의 지향을 원에 '반反한다'는 의미의 '반원'보다는, 원 중심 질서로부터의 이탈을 의미하는 '이원離元' 혹은 '탈원脫元'이라고 표현하기도 한다.

3 원에서 명으로

공민왕 5년 이후, 변한 것과 변하지 않은 것

앞서 보았듯이, 1356년 고려의 일련의 도발적 행위 이후 고려와 원은 압록강 서쪽 3개 역참을 공격한 것에 대한 죄를 물어 인당을 처벌하는 것으로 사태를 수습했다. 그리고 같은 해 고려에서는 그간 고려에 부담이 되었던 몇 가지 문제의 해결을 원에 요청했다.

① 정동행성 관원에 대한 국왕-승상의 추천 권한을 회복해주고 이문소 등 초기에 설치되지 않았던 소속 관서들을 폐지할 것.
② 세조가 설치한 3개 만호 이외에 증설되었던 5개 만호부와 도진무사는 폐지할 것.

③ 원의 관서들에서 개별적으로 보내는 사신 파견을 중단할 것. 특히 고려인 사신의 폐해가 큼.

④ 쌍성과 삼살 등지의 영토를 돌려줄 것.

⑤ 경사로 도망간 충선왕의 얼자孼子 타스테무르塔思帖木兒를 돌려보내 줄 것.

원에서는 이 가운데 앞의 네 가지 문제를 수용했고, 이후 고려와 몽골의 관계는 일단 큰 변화를 보였다. 우선 고려국왕 이외에 몽골황실·황제와 관계를 형성하고 그 관계를 통해 고려에서 정치력을 행사하는 세력이 사라졌다. 공민왕이 기씨일가 구성원들을 주살한 것에 대해 원이 그 절차의 부적절성을 질책하기는 했으나 사실상 묵인할 수밖에 없었던 상황에서 유사한 세력이 다시 등장하기는 어려웠다. 마찬가지 이유로 황제권과 고려국왕의 관계 역시 변화하여, 몽골황제권이 고려국왕위 문제 혹은 그 권한 내의 문제에 대해 개입할 여지 또한 사실상 없어졌다. 정확히는 고려에서는 그렇게 인식했다.

다만 이러한 변화는 1356년 개혁 과정을 통해 몽골황제권의 고려 정치에 대한 영향력 행사를 실질적으로 밑받침할 몽골의 물리적 세력이 약화한 것을 서로 간에 확인한 결과로서 발생한 것이었으므로, 그러한 물리적 세력 면에서 다시 변화가 발생한다면 이전으로 돌아갈 가능성이 없지 않았다. 실제 1356년 개혁을 통해 이루어진 몽골과의 관계 및 권력구조의 변화는 불과 3년 후인 1359부터 이어진 홍건적의 침입으로 인한 세력 면에서의 변동으로 다시 한 번 동요하게 된다.

한편, 1356년을 거치면서도 변하지 않은 부분도 있다. 우선 몽골과의 관계 속에서 양국 간의 위계를 반영하는 방향으로 변화한 고려의 제도와 의례 면에서의 변화는 이후로도 유지되었다. 공민왕은 1356년 개혁을 단행하면서 관제 개편을 시도했고, 표면적으로 이는 고려 전기 문종 대 관제로의 복귀를 표방했다. 그러나 이를 통해 고려의 관제가 그야말로 고려 전기 모습 그대로 되돌아가기에는 한계가 있었고, 특히 외교와 관련된 제도나 의례 등에서는 몽골과의 관계 속에서 변화하고 새롭게 구성된 요소들이 사실상 그대로 유지되었다. 이러한 점은 단순히 '형식적·의례적' 측면일 뿐이라고 치부할 수도 있겠지만, 이후 고려 말, 특히 조선시대에 그 의미가 확대되어 정착하게 된다는 점에서 몽골과의 관계가 한국사에 미친 영향을 이해하는 데에, 나아가 조선이라는 국가를 이해하는 데에 중요한 의미를 가진다.

다음으로 정치구조의 측면에서도 위에 언급한 여러 현상적 변화에도 불구하고 여전히 정리되지 않은 부분이 남았다. 이는 고려 측에서 요청한 다섯 가지 사안 가운데 마지막 내용인 덕흥군 타스테무르의 송환 요청이 수용되지 않았던 사실과 관련된다. 공민왕이 1356년의 개혁을 마무리하면서 타스테무르의 송환을 요청한 것은 차기 왕위 계승 가능성을 가진 왕실 구성원의 신병을 현재 국왕이 스스로 장악하기 위한 것이었다. 이는 케식 제도와 같은 것을 통해 고려국왕의 자제가 원 조정에서 책봉 권한을 가진 황제의 관리하에 있으면서 현 국왕과 분리된 채 세력 기반을 쌓고, 그러한 상황이 현재의 고려국왕위와 그 권한을 제약했던 몽골 복속기 권력구조에 대한 문제 제기였다.

물론 타스테무르는 왕실의 얼자, 즉 어머니 쪽이 미천해서 고려왕실의 질서에서는 왕위 계승에서 배제된 인물이었다. 그러나 몽골과의 관계 속에서 고려국왕의 위상이 변화한 가운데, 왕위 계승에서 그 얼자라는 신분이 가졌던 제약은 언제든지 풀릴 수 있는 것이었다. 살펴본 바와 같이, 이 시기 고려국왕이 국왕위에 오르고 왕권을 행사하는 데에는 몽골과의 관계 이전부터 중요했던 고려왕실의 정통성이라는 측면 외에도 몽골황제·황실과의 관계라는 외부적 요소가 중요한 비중으로 작용하게 되었기 때문이다.

그러나 당시 원 조정에서는 타스테무르를 고려로 돌려보내지 않았고, 타스테무르의 원 체류와 함께 표면적으로 큰 변화를 보였던 고려-몽골 간의 정치적 관계는 상황에 따라 복구될 가능성을 안게 되었다. 그리고 6년 후, 상황이 바뀌었다.

기황후 세력의 공민왕 폐위 시도가 알려준 것

황제가 참소로 고려왕 바얀테무르伯顏帖木兒(공민왕)를 폐하고 타스테무르를 세워 왕으로 삼았다. 나라 사람들이 옛 왕을 폐해서는 안 되며 새로운 왕을 세워서는 안 되는 이유를 상서했다. 처음에 황후 기씨의 종족이 고려에 있었는데, 총애를 믿고 교만하고 횡포하므로, 바얀테무르가 누차 경계하여 타일렀으나 깨닫지 못하니, 고려왕이 마침내 기씨의 족속을 다 죽였다. 황후가 태자에게 일러 말하기를, "네 나이가 이미 장성하였으니 어찌 나를 위해 원수를 갚지 않느냐!"라고 했다. 이때 고려왕의 형제로 경사京師에 머물고 있던 자가 있었으므로, 이에 의논하여 타스테무르를 왕으로 삼고, 기씨의 족자族子 기삼보노奇三寶奴를 원자로 삼고, 장작동지將作同知 최테무르崔帖木兒(최유)를 승상으로 삼아 병사 1만 명을 이끌고 그 나라로 가게 했는데, 압록강에 이르러 고려 병사들에게 패하여, 겨우 남은 17기騎만이 경사로 돌아왔다.

『원사』권46, 순제 지정 22년(1362)

1362년(공민왕 11) 말, 원에서 공민왕을 폐위하고 타스테무르를 국왕으로 기삼보노를 그의 원자로 삼아 보낸다는 소식이 전해졌다. 고려가 홍건적의 침입을 받아 어수선한 상황, 2차 침입 당시에는 공민왕이 안동까지 피난을 갔던 상황, 그리고 홍건적을 잘 막아내기는 했으나 그 주역들이 정쟁에 휘말려 모두 사망하게 된 상황에서 발생한 사건이었다.

위 사료에서 보듯 이 사건은 1356년 당시 기황후의 일가가 주살 당한 것에 대한 기황후의 원한을 갚는 차원에서 진행된 것이었다. 나아가 이는 황태자의 지위를 안정시키기 위한 기황후 측의 정치적 의도가 반영된 것이기도 했다.

기황후는 1360년에 한 차례 황태자에 대한 선위를 시도하고, 1365년에 다시 선위를 시도했다. 아유르시리다라가 이미 황태자임에도 황제위 승계를 서두르고자 했던 것은 몽골황실의 전통적 통혼 상대인 쿵크라트 출신 제1황후가 존재하는 가운데 그로부터 아들이 태어난다면 언제든 아유르시리다라의 황태자위가 박탈될 수 있다는 불안감이 작용했기 때문이었다. 더욱이 기황후는 고려왕실 출신이 아니었을뿐더러 1356년 이후로는 고려왕실과의 관계마저 틀어져, 고려라는 그 출신은 황태자에게 우호적인 배경이 되어주기 힘든 상황이었다.

이러한 가운데 기황후는 일차적으로는 1356년 당시의 원한을 갚기 위해서 나아가서는 고려를 그 아들에게 도움이 될 수 있는 배경으로 만들어주기 위해 공민왕 폐위를 시도했던 것으로 보인다. 이 왕위 교체에 담긴 기황후 측의 의도와 관련해 타스테무르의 '원자'로서 함께 온 기삼보노가 기씨의 일족 구성원이라는 사실이 눈에 띈다. 실제 부자 관계가 아님에도 타스테무르의 '원자'로 기삼보노를 보낸 것은 당장은 고려왕실 구성원으로 공민왕을 대체하지만, 그가 사망하고 난 후에는 기씨 집안에서 고려왕위를 계승할 것을 염두에 둔 것이었다고 볼 수 있기 때문이다.

물론 기황후 세력이 처음부터 공민왕을 대신해서 타스테무르를 고려국왕으로 내세우려고 했던 것은 아니었다. 그들이 먼저 염두에 두었던 것은 심왕 왕고의 손자이자 공민왕의 조카인 심왕 톡토부카脫脫不花였다. 그는 일찍이 황태자의 단본당에서 케식 생활을 하는 등 기황후 및 황태자와 가까운 관계를 유지하고 있었다. 그러나 톡토부카는 기황후 측의 제안을 거절했고, 결국 타스테무르와 기삼보노의 조합으로 공민왕을 대체하게 되었다.

덕흥군 타스테무르와 원자 기삼보노는 만여 명의 군사를 거느리고 고려로 오게 되는데, 고려국왕위를 교체하면서 군사를 동원했다는 점은 이전과는 달라진 부분이다. 이는 1356년 개혁 이후 멀어진 고려-몽골 관계의 거리를 보여주는 것이라고 할 수 있겠다. 결과적으로 고려 측에서 잘 막아내어 공민왕은 왕위를 유지했지만, 이 사건을 거치면서 공민왕은 여러 면에서 여전히 유효한 고려-몽골 관계의 특징적 면모와 현재 자신과 고려의 상황에 대한 몇 가지 사항을 새롭게 혹은 새삼스럽게 다시 인식하게 되었고 이는 여파를 남기게 된다.

우선 공민왕은 원과의 관계가 유지되는 이상, 원은 언제든 상황이 허락되면 고려국왕에 대한 책봉 권한을 이전과 같이 행사할 수 있다는 사실을 다시 한 번 인식했다. 1356년 개혁에서 상당 부분 몽골과의 관계를 청산했고 그렇다고 생각했음에도 폐위가 시도되었다는 사실은 원과의 관계를 단절하지 않는 이상 그러한 일은 언제든 다시 발생할 수 있음을 보여주는 것이었다.

둘째, 심왕 톡토부카의 존재 의미와 후사 문제 또한 공민왕을 자극했던 것으로 보인다. 기황후 측에서 고려국왕위를 제안했을 때, 톡토부카는 "숙부가 아들이 없으니 세상을 떠난 후에 나라가 어디로 가겠는가? 지금은 숙부가 건강하신데 내가 어찌 숙부의 자리를 빼앗겠는가?"라 하며 기황후 측의 제의를 받아들이지 않았다. 이에 공민왕은 폐위 시도가 무위로 돌아간 후 그에게 선물을 보내어 고마움을 표하고 그가 보낸 사신을 후하게 예우하기도 했다.

그러나 톡토부카의 말은 기황후 측의 제안을 거절하기 위한 것이었지만, 공민왕이 후사가 없는 상황에서 그 말은 사실을 이야기한 것이기도 했다. 심왕 톡토부카는 공민왕에게 아들이 없었던 당시 상황에서 왕실의 질서상으로 왕위 계승 1순위였고, 몽골과도 밀접한 관계에 있는 인물이었다. 따라서 현재의 상황에서 공민왕이 사망한다면, 톡토부카의 말대로 그가 고려국왕위를 계승하게 될 가능성은 상당히 높았다. 그리고 그렇게 된다면, 몽골황제권 및 기황후 세력과 긴밀한 관계를 맺고 있으며 몽골의 제왕위를 갖고 있기도 했던 인물이 고려국왕위를 계승하게 되는 것이었고 이는 곧 몽골 복속기 권력구조로의 복귀를 의미하는 것이었다.

마지막으로, 신료들과의 관계 문제이다.

"이 주상主上(공민왕: 필자주)은 구군舊君이고 덕흥德興은 신주新主

입니다. 우둔한 백성들은 그저 편안하고 배부른 것을 즐겁게 생각할 줄만 알았지 어찌 정의正와 부정의邪가 어느 편에 있는가를 알겠습니까?"

『고려사』 권126, 이인임 열전

"홍적紅賊 난리에 남쪽으로 피난했어도 능히 성을 수복할 수 있었던 것은 적이 세상을 어지럽게 하는 악당들이었으므로, 사람마다 가슴에 분노를 품고 구름같이 모여들어 결사적으로 싸워 섬멸했던 것입니다. 그러나 덕흥은 홍적과 부류가 달라서 지나는 곳은 모두 그의 백성으로 될 것이니 전하가 일단 남으로 가면 서울 이북에서 누가 전하를 따를 것입니까? 오늘의 형편으로는 전하가 직접 나가서 싸우는 것이 상책입니다."

『고려사』 권114, 오인택 열전

위 인용문은 덕흥군의 군대가 고려에 왔을 당시 이인임李仁任과 오인택吳仁澤이 공민왕에게 직접 대응할 것을 요구하면서 한 말이다. 오인택은 덕흥군은 "부정의邪"가 아니라는 점, 당시 상황에서 공민왕과 덕흥군·기삼보노 사이에서의 선택은 어느 쪽이 정당성을 가지는가의 문제가 아니라 어느 쪽이 승세를 잡느냐의 문제임을 이야기하고 있다. 그는 민심을 이야기하고 있지만, 이는 일반 백성에만 한정된 상황 판단은 아니었다. 공민왕 폐위 시도의 과정은 공민왕으로 하여금 그의 신료들이 온전히 자신의 아래에 결집되어 있지 않음을 다시 확인하게 했다.

한편 신료들과의 관계에서 왕권의 불안정함은 이 사건을 거치면서 심화한 측면도 있다. 1356년 개혁으로부터 홍건적과 왜구의 침입, 공민왕이 안동으로 피난 갔다 돌아오는 길에 흥왕사에서 시해 위협을 당했던 상황, 마지막으로 덕흥군이 이끄는 군대와의 전투 등 국가와 국왕의 안위를 둘러싸고 발생한 일련의 군사적 상황 속에서 공을 세운 무장들이 대거 공신에 책봉되면서 이들의 위세가 국왕을 압도하는 상황을 연출하기도 한 까닭이었다.

기황후 측의 폐위 시도로부터 왕위를 지켜내기는 했으나 그 과정에서 공민왕은 위와 같은 문제들에 대해 다시 인식하게 되었고, 이는 이후 그의 행보에 영향을 미치게 된다. 얼마 후 공민왕이 신돈辛旽에게 전무후무한 권한을 부여하면서 주로 공신들로 구성된 '세신대족'을 숙청하게 하고, 자신의 후사 문제에 집착해 우왕의 문제를 발생시키게 된 것이 위 인식과 무관하다고 할 수 있을까? 그리고 명이 등장했다.

원에서 명으로

1368년(공민왕 17) 9월, 명이 원의 수도인 대도大都를 점령했고 몽골황제와 황후가 상도上都로 도망갔다는 소식이 고려에 전해졌다. 11월, 공민왕은 오왕吳王, 즉 명 태조 주원장朱元璋에게 사신을 보냈고, 다음 해 4월, 명 황제의 친서親書가 전해지자 5월, 몽골의 지정연호至正年號 사용을 정지하고 6월, 관제를 개편했으며 다음 해인 1370년 5월, 명 황제의 책봉 조서를 받고 7월, 명의 홍무연호洪武年號 사용을 선포했다.

명이 대도를 점령했다고 하지만 원은 여전히 세력을 형성해서 명과 대립하고 있었고, 명 역시 그러한 상황을 의식하고 있었다. 이에 명에서는 군신관계를 분명히 하는 조서詔書가 아니라 군신관계가 설정되어 있지 않은 국가들 간의 외교문서로 사용되는 치서致書 형식의 문서를 고려에 보냈다. 이후에는 요동 지역을 거쳐 오는 고려 사신들이 혹 그 지역에 있는 원의 잔여세력과 연통해 명에 공세를 취할 것을 우려해 사신을 자주 보내지 말 것을 권고하기도 했다. 그러나 고려 측에서는 명의 '치서'에 대해서는 바로 '표문'을 보내어 신하를 칭했고, 명 측의 우려가 무색하게도 원에서 보낸 사신들을 살해하거나 살해를 시도하는 등 원과의 관계 단절에 단호한 모습을 보였다.

이처럼 공민왕이 원과의 관계 단절과 그에 동반한 명과의 관계 형성에 신속하고 단호했던 것은 앞서 본 공민왕의 인식과 관련될 것이다. 1362년 기황후 세력의 공민왕 폐위 시도 과정을 통해 고려-몽골 관계가 갖는 현실적인 가능성들이 부각되었고, 이는 공민왕 국왕권의 내부적인 상황과 맞물리면서 이후 후사 문제와 같은 공민왕의 무리한 행보에 영향을 미쳤다. 이러한 문제들은 근본적으로 몽골과의 관계가 유지되고 있었다는 사실로부터 비롯되는 것이었기 때문에 공민왕으로서는 몽골과의 관계를 단절하는 것이 가장 절실했지만, 현실적 대안이 없는 상황에서 몽골과의 관계는 계속 유지되었다. 이러한 상황에서 명이 등장했고, 공민왕은 기다렸다는 듯 신속하고 단호하게 사대의 대상을 교체했던 것이다.

참고문헌

|사료|

- 한문 사료

  『高麗史』, 『高麗史節要』, 『益齋亂藁』, 『謹齋先生集』, 『稼亭集』, 『牧隱集』, 『元史』, 『大元聖政國朝典章』, 『庚申外史』, 『秘書監志』.

- 역주된 사료

  라시드 앗딘 지음, 김호동 역주(2002), 『부족지』, 사계절.

  라시드 앗딘 지음, 김호동 역주(2003), 『칭기스칸기』, 사계절.

  라시드 앗딘 지음, 김호동 역주(2005), 『칸의 후예들』, 사계절.

  유원수 역주(2004), 『몽골비사』, 사계절.

  여원관계사연구팀 편(2008), 『譯註 元高麗紀事』, 선인.

|단행본|

14세기 고려사회 성격 연구반(1994), 『14세기 고려의 정치와 사회』, 민음사.

고명수, 2019, 『몽골-고려 관계 연구』, 혜안.

권용철, 2019, 『원대 중후기 정치사 연구』, 온샘.

김호동, 2007, 『몽골제국과 고려』, 서울대학교출판부.

_____, 2010, 『몽골제국과 세계사의 탄생』, 돌베개.

노명호, 2012, 『고려 태조 왕건의 동상: 황제제도·고구려 문화 전통의 형상화』, 지식산업사.

민현구, 2004, 『고려정치사론』, 고려대학교출판부.

이명미, 2016, 『13~14세기 고려·몽골 관계 연구-정동행성승상 부마 고려국왕, 그 복합적 위상에 대한 탐구』, 혜안.

_____, 2022, 『고려, 몽골에 가다』, 세창미디어.

장동익, 1994, 『高麗後期外交史研究』, 일조각.

森平雅彦, 2013, 『モンゴル覇権下の高麗: 帝国秩序と王国の対応』, 名古屋大学出版会.

David Sneath, 1997, *The headless state: aristocratic orders, kinship society, & misrepresentations of nomadic inner Asia*, New York, Columbia University Press.

David M. Robinson, 2009, *Empire's Twilight: Northest Asia Under the Mongols*, Cambridge and London, Harvard University Press.

| 논문 |

고병익, 1961·1962, 「麗代 征東行省의 연구」(上)·(下), 『역사학보』 14·19.
_____, 1962, 「高麗 忠宣王의 元 武宗옹립」, 『역사학보』 17·18 合輯.
김혜원, 1999, 「고려후기 瀋王 연구」 이화여자대학교대학원 박사학위논문.
김호동, 2008, 「高麗 後期 '色目人論'의 背景과 意義」, 『역사학보』 200.
_____, 2015, 「몽골제국의 '울루스 체제'의 형성」, 『동양사학연구』 131.
민현구, 1989, 「공민왕의 반원적 개혁정치에 대한 일고찰: 배경과 발단」, 『진단학보』 68.
_____, 1992, 「고려 공민왕대 반원적 개혁정치의 전개과정」, 『허선도선생정년기념 한국사학논총』.
박재우, 1993, 「고려 충선왕대 정치운영와 정치세력 동향」, 『한국사론』 29.
윤은숙, 2016, 「대원제국(大元帝國) 말기 기황후(奇皇后)의 내선(內禪)시도」, 『몽골학』 47.
이강한, 2007, 「征東行省官 闊里吉思의 고려제도 개변 시도」, 『한국사연구』 139.
_____, 2009, 「공민왕 5년(1356) '반원 개혁'의 재검토」, 『대동문화연구』 65.
이명미, 2017, 「14세기 초 遼陽行省의 合省 건의와 고려·몽골 관계 – 고려국왕권 기반의 변화와 정동행성 위상의 재정립 –」, 『한국중세사연구』 51.
_____, 2020, 「고려·몽골 관계 깊이 보기 – 「乞比色目表」와 「請同色目表」 –」,

『역사교육연구』 37.

_____, 2021, 「몽골 복속기 立省論의 구성 과정과 맥락: 초기의 立省 관련 논의를 중심으로」, 『역사학보』 252.

이익주, 1996, 「高麗·元 관계의 構造와 高麗後期 政治體制」, 서울대학교 박사학위논문.

정동훈, 2016, 「高麗時代 外交文書 硏究」, 서울대학교 박사학위논문.

최연식, 1995, 「공민왕의 정치적 지향과 정치운영」, 『역사와 현실』 15.

최종석, 2019, 「13~15세기 천하질서와 국가 정체성」, 『고려에서 조선으로: 여말선초, 단절인가 계승인가』, 역사비평사.

찾아보기

ㄱ

강동성 16, 17, 39
강양공 왕자 48
강화도 24, 25, 36
개경 환도 28, 32, 33, 35
개인 간·가문 간 관계 38, 89
걸비색목·청동색목('색목인과 같이 대우해달라') 115, 122
계국대장공주(부다시린 공주) 30, 41, 76, 77, 85, 86, 98
고려국왕 72
고려국왕 위상의 변화 72, 73, 99, 100, 128
고려왕실과 몽골황실의 통혼 30, 37
공민왕 30, 40, 42, 48, 124, 125, 126, 127, 128, 129, 130, 131, 132, 133, 134, 135, 136, 137, 138, 139, 140, 141, 142, 143, 144, 145, 146, 147, 148, 149, 150, 151, 152, 153, 154, 155, 156, 157, 158, 159, 160, 161
공민왕 5년(1356) 개혁(반원 개혁) 125, 133, 143, 146, 150
공민왕 즉위년(1352) 개혁 141, 142
공주 개가(改嫁) 운동 85

관료제적 기준 109
기삼보노 154
기씨일가 109, 112, 123, 124, 125, 128, 130, 133, 134, 135, 136, 137, 139, 141, 143, 144, 146, 148, 151
기철 100, 107, 108, 109, 114, 125, 126, 130, 133, 134, 135, 138, 140, 143, 144
기황후 44, 107, 109, 112, 114, 115, 117, 121, 124, 129, 130, 134, 135, 136, 137, 138, 153, 154, 155, 156, 157, 159, 160
기황후 세력의 공민왕 폐위 시도 153, 160

ㄴ

노국대장공주(부다시리 공주) 129, 138
눌룬공주 30, 98

ㄷ

덕흥군(덕흥군 타스테무르, 타스테무르) 151, 152, 153, 154, 155, 156, 158, 159
독로화(투르칵) 45, 46, 47, 48, 50, 51, 58

동경행성 64, 65

ㅁ

명 태조 주원장 159
몽골 복속기 고려국왕 위상 94
몽골 복속기 권력구조 86, 100, 128, 147, 153, 157
몽골 사신 차쿠르 22
몽골의 고려 침략 25
무신정권 31, 32, 35
무종(카이샨) 88, 90, 93

ㅂ

반원·자주의식 144, 148
반원·자주적 역사의식 127
변발 41, 42, 144, 145, 146
변발과 호복 42, 144, 146
복국장공주(이린친발라 공주) 98
부마 21, 38, 39, 40, 41, 42, 43, 44, 56, 60, 70, 71, 73, 83, 89, 98, 122, 129

ㅅ

살리타 24, 25
색목인(색목) 115, 116, 117, 118, 121, 122, 135
서흥후 왕전 85
수종 신료 131, 132, 140, 141
심왕 옹립 운동 92
심왕 왕고 30, 44, 48, 49, 91, 92, 94, 95, 96, 97, 98, 104, 156
심왕 톡토부카 156, 157
심왕(심양왕) 30, 44, 48, 49, 90, 91, 92, 94, 95, 96, 97, 98, 99, 100, 101, 102, 103, 104, 105, 108, 156, 157

ㅇ

아릭부케 20, 26, 28
아유르시리다라 114, 117, 129, 135, 136, 155
안축 116, 118, 121, 122, 123, 124
영녕공 왕준 45, 58
예케 몽골 울루스 17, 18, 19, 20, 21
요령통치(전지정치) 88, 89, 91, 93
요양행성 63, 64, 65, 100, 104, 134
원종 21, 25, 27, 28, 29, 31, 32, 34, 35, 36, 41, 54, 70, 75, 84, 87, 146
원종 폐위 사건 31, 84
육반산 21, 25
이제현 116, 118, 121, 122, 123, 124, 130
인종(아유르바르와다) 88
일본 32, 33, 34, 53, 54, 55, 56, 57, 63, 64
일본 원정 34, 53, 54, 55, 56, 57, 58, 60, 61, 62, 63, 65
임연 31, 32, 34, 35

입성론 66, 100, 101, 102, 104, 106, 108, 109

ㅈ

정동행성 40, 53, 55, 56, 57, 60, 61, 62, 63, 64, 65, 66, 70, 71, 73, 81, 100, 101, 102, 103, 104, 105, 106, 107, 120, 125, 129, 141, 150
정동행성승상 40, 55, 61, 62, 63, 65, 66, 67, 70, 71, 73, 103, 104, 105, 106
정동행성승상 부마 고려국왕 70, 71, 73
제국대장공주(쿠틀룩케르미쉬 공주) 29, 30, 36, 37, 41, 48, 75, 76, 77, 91
조비무고사건 77, 78, 79
조인규 76
중조(重祚) 74, 75, 79, 80, 85, 86, 99, 109

ㅊ

책봉 28, 29, 34, 50, 51, 55, 83, 84, 90, 98, 99, 105, 109, 113, 114, 115, 130, 136, 137, 139, 153, 156, 159, 160
최씨정권 24, 25, 31
최우 24
충렬왕 27, 29, 30, 31, 34, 35, 36, 37, 39, 40, 41, 42, 43, 44, 47, 48, 50, 54, 55, 56, 57, 58, 60, 61, 62, 63, 64, 65, 66, 70, 74, 75, 76, 77, 78, 79, 80, 81, 82, 83, 85, 86, 87, 88, 89, 90, 91, 95, 99, 100, 134, 146, 147
충선왕 30, 40, 41, 44, 48, 49, 62, 74, 75, 76, 77, 78, 79, 80, 83, 84, 85, 86, 87, 88, 89, 90, 91, 93, 94, 95, 96, 97, 98, 99, 100, 101, 103, 105, 108, 130, 147, 151
충숙왕 30, 40, 48, 88, 90, 91. 92, 93, 94, 95, 96, 97, 98, 99, 100, 102, 103, 104, 105, 106, 108, 112, 114, 120, 123, 129, 147
칭기즈칸 16, 17, 18, 22, 23, 24, 32, 37, 38, 39, 90, 115, 122

ㅋ

카안 울루스 18, 20, 21, 61
케식 20, 34, 38, 42, 43, 45, 46, 47, 48, 49, 50, 51, 52, 74, 79, 83, 88, 90, 127, 128, 129, 131, 132, 139, 153, 156
쿠빌라이 18, 20, 26, 27, 28, 29, 30, 31, 32, 33, 34, 36, 42, 54, 55, 56, 61, 75, 76, 115, 122

ㅌ

톡토의 실각 137, 147

ㅎ

한희유 무고사건 80, 81
행성(행중서성) 61, 101
헌종 몽케 20, 21, 25, 26
형제맹약 16, 17, 22
혜종 토곤테무르 112
홍복원 57
홍중희 63, 100, 101
홍차구 54, 55, 56, 57, 58, 59, 60,
 62, 134
활리길사 62, 81
흑적 35

동북아역사재단 교양총서 24
고려·몽골 관계 깊이 보기

제1판 1쇄 발행일 2022년 5월 30일

지은이　이명미
발행인　이영호
발행처　동북아역사재단

출판등록　제312-2004-050호(2004년 10월 18일)
주소　서울시 서대문구 통일로 81 NH농협생명빌딩
전화　02-2012-6065
팩스　02-2012-6186
홈페이지　www.nahf.or.kr
제작·인쇄　(주)동국문화
디자인　(주)동국문화

ISBN　978-89-6187-731-2 04910
　　　　978-89-6187-406-9 (세트)

* 이 책은 저작권법으로 보호를 받는 저작물이므로 어떤 형태나 어떤 방법으로도 무단전재와 무단복제를 금합니다
* 책값은 뒤표지에 있습니다. 잘못된 책은 바꾸어 드립니다.